－実践・教育－

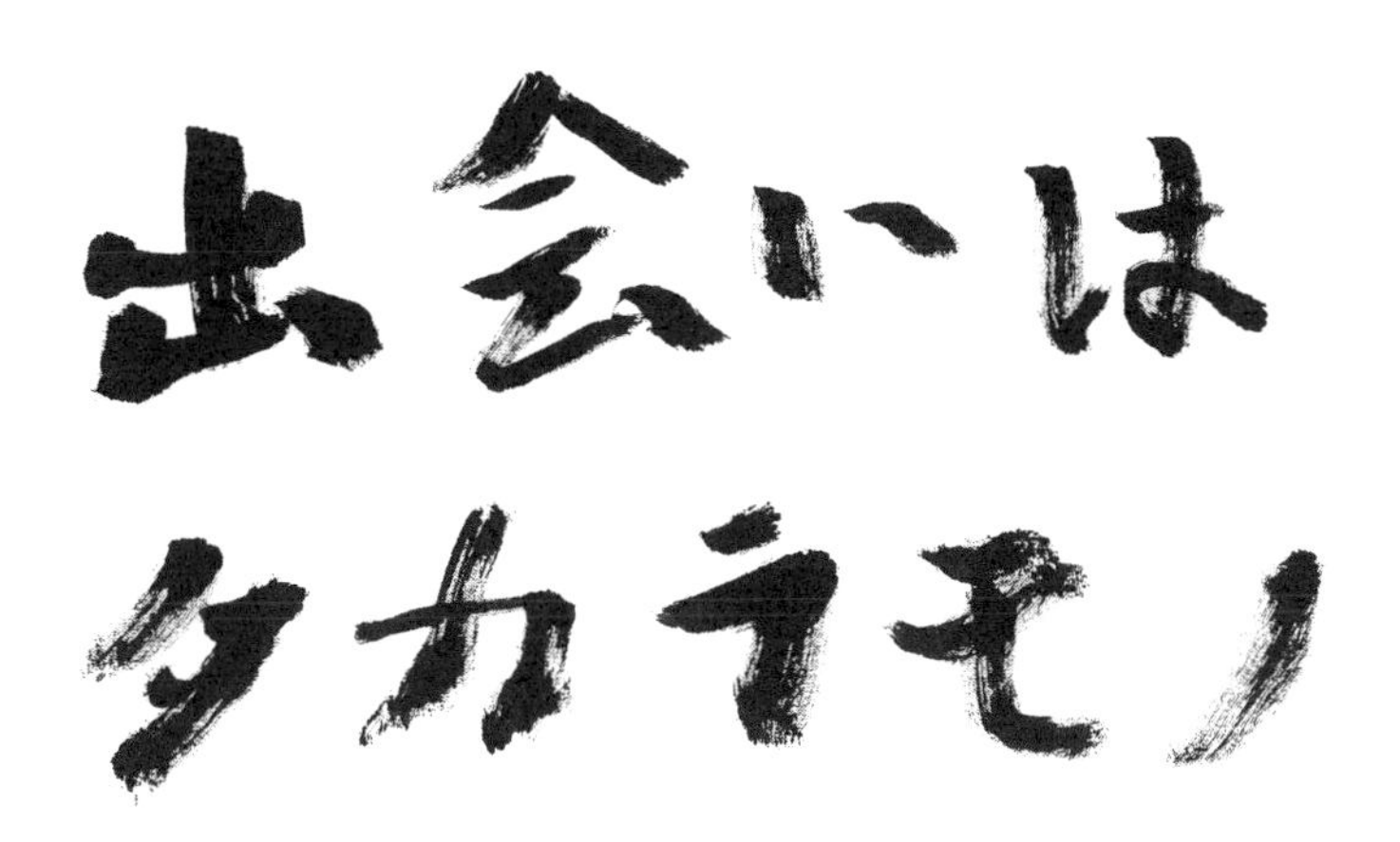

子どもから

教えられたことばかり

佐藤比呂二

全障研出版部

題字　白﨑翔吾

はじめに

「モノより人とかかわる仕事がしたい」。学生時代、私はそう考え学校の先生になろうと決めました。自分自身の学校生活が楽しかったことに加え、信頼できる先生に出会えたことも影響していたと思います。

ただ、障害児教育のことは一切頭にありませんでした。大学でも障害児教育について学ぶことはなく、教員採用試験のときは希望さえしていませんでした。

普通校で数学の面白さを伝えられたらなぁと漠然と考えている程度でしたが、面接の話がきたのは思いがけず障害児学校（知的障害）からだったのです。そのときの校長とのやりとりです。

「君の大学での卒論のテーマは？」

「はい、『レンズ空間におけるブリッジ分解の考察』です」

「君が大学で勉強したことは、この世界では一切役に立たないかもしれないけど、それでもいいかい？」

「はい！　いいです！」

迷うことなく即答できたのは、校内を案内されたときに出会った子どもたちを「かわいい」

と感じたから。ただそれだけでした。

　こうして私は障害児学校の先生になりました。


　障害児教育のことも福祉のこともまったく知らないままのスタートでした。知的障害の子どもたちとどうかかわればいいのか？　とりあえず子どもの出方に反射的に反応するような行き当たりばったりのかかわりだったと思います。歌が好きな子にはリクエストに応じてひたすら歌い、絵が好きな子とは毎日お絵かきをしました。（目の前の子どもがどうすれば笑ってくれるかなぁ）という思いだけでした。ただ、それだけではうまくいくはずもなく、授業を嫌がる子、パニックになった子の気持ちがわからずオロオロする日々が続きました。


　教員2年目に受け持った昌樹君（自閉症、知的障害、高1）には、今も申し訳ない気持ちしかありません。彼が入所していた施設でのカンファレンスでのことです。

「彼は時々言葉を発しますよね」

「そうそう、それに歌を歌うときもありますよね」

　施設職員と先輩教師の間で話が盛り上がる中、私だけが（えっ、言葉？　歌？）とついていけませんでした。私には昌樹君が発する「オワワ～。ピュピュッ」などの声は「意味のない音」としてしか聞こえていなかったのです。あのときの身の縮む思いといったら例えようもありません。

今まで気づかなかっただけで、きっと私に思いをわかってもらえずパニックになってしまったこともあるんだろうなと気持ちが落ち込みました。

しかし、いくら焦っても昌樹君の気持ちをつかむことはできず、悶々とした日々が過ぎていきました。この頃の私は、彼とのかかわりに自信がもてず、心が萎縮してしまっていたと思います。

そして、ある日、また昌樹君が泣き叫びながら自分の頭を叩き始めてしまいました。興奮状態がおさまった後もさめざめと泣きながら横たわる昌樹君に、私はどう接すればいいのかわからぬまま、ただそばに座っていることしかできませんでした。

するとそのときです。ようやく落ち着きを取り戻した昌樹君がニコニコしながら私の頬に唇を寄せてきたのです。

（もう大丈夫。そばにいてくれてありがとう）

何もできていない私にそう言ってくれているようで胸が熱くなりました。こんな自分にも、パニックから立ち直るまで付き合ってくれたことに親愛の情を示してくれるのか。だったら、どんなに時間がかかってもいい、パニックになったときは、ちゃんと落ち着くまでそばにいようと心に決めました。そして、いつか昌樹君の気持ちをしっかりと汲み取れるようになりたいとようやく前向きになることができました。

あれから何人もの子どもたちと出会ってきました。思うようにいかない子どもとのかかわり。考えても考えてもわからない子どもの気持ち。そんな先の見えない子どもとの日々を繰り返しながらも、（あっ、そんな風に思っていたのか）（えっ、そんなねがいがあったのか）と気づかされる瞬間がありました。

こだわりの強い自閉症児が自分のこだわりを食い止めようと必死に葛藤したり、不登校になった子が自分の居場所を見つけて変わっていく姿を目の当たりにしたとき、彼らの本当のねがいは何かを教えられた思いがしました。

彼らとともにした時間は、私にとって大切なタカラモノです。この本を通して、「出会った子どもたちが教えてくれたタカラモノ」をお伝えできればと思います。

私の教師人生は、子どもから学んだことの積み重ねと言っていいものですから。

佐藤比呂二

出会いはタカラモノ　子どもから教えられたことばかり　目次

はじめに　3

第1章　自閉症児と出会う　11
第1節　子どものホントのねがいに気づく　12
第2節　こだわりだから仕方ない？　19
第3節　折り合いをつける力　27
第4節　受け止められた経験が自分を支える力に　35
第5節　ねがいが高まり自ら変わる　44
第6節　「子どもを変える」のではなく「子どもが変わる」　53

第2章　不登校児と出会う　61
第1節　学校が「イヤ」だから行かない？　62
第2節　心に残る経験から育つ、信頼できる力　69
第3節　「行かない選択」は「行く選択」と同じ値打ち　78

第3章　病弱教育と出会う 89
第1節　子どもに向き合う覚悟 90
第2節　仲間とつながり人生をつなぐ院内学級 98
第3節　大切に思える日々をつむぐ 106
第4節　いるかでのもうひとつの出会い 116

最終章　子どもとかかわる原則はおなじ 123
「ねがい」と「納得」／実践記録を通して出会い直す／書くことで気づく違和感／生きてていい自信／生きる希望を語る実践を／出会いはタカラモノ

この本を読んでくださる方に（竹沢清） 134
その子の「心の声」を聴く、そしてねがい実現のために、徹底して支える
――愛と科学の探究者・佐藤実践を読み解く

おわりに 140

第1章　自閉症児と出会う

第1節　子どものホントのねがいに気づく

どんな行動にも理由がある

峻君（知的障害・自閉症、中3）には、強いこだわりがいくつもありました。物の置き場所を決める、偏食がきつい、どんなに寒くても重ね着は絶対にしない等、数え上げればきりがありません。学校に着てくる服も2着だけに決めていました。保護者会で峻君のママは「家には、この2着が何着もあります」と話していました。ご苦労がうかがえます。

峻君は、朝、教室に入ると連絡帳の入ったカバンを放り投げ、いそいそと掃除用具入れの上に登っていきます。あぐらをかいて高みの見物とでもいうように。でも、表情は決して楽しそうではありませんでした。

（なぜ、あそこがいいのだろう？）

峻君に続き、私も登ってみました。狭くて迷惑そうな顔をしていましたが…。彼の隣で感じたのは、見晴らしがよく教室の隅々まで見えるということ、そして、壁と天井に守られて周囲から何も来ないということでした。

ここなら苦手な活動に無理に誘われることもない。他害のある友だちの手が及ぶこともない。

（そうか、不安の強い峻君にとって、教室で安心できる場はここしかないのか！）

もしそうなら、いくら「自分の席に座りなさい」と言ったって、聞く耳をもつはずないよなぁと思いました。無理に降ろそうとしなくても、教室の隅にソファを置いて休んでいいスペースを作り、決して無理強いされることはない、と安心できる人間関係ができてきたら、自然に降りてくるようになりました。

どんな行動にもきっと理由があるはず。その理由を考えることを大切にしました。

わざと悪いことをする

峻君は大好きなプールに一時期入れなくなったことがあります。何度誘っても行きかけては戻ってしまう峻君の表情は不安げで曇りきっていました。

ママにうかがったところ、地域の水泳教室で課題に取り組むよう強く指導されたのがきっかけだとわかりました。

２時間ものあいだ葛藤した末、結局入れないまま終わってしまった日、初めて、教室にあった湯のみを投げて割りました。明らかにわざとでした。

しかし、このとき私は峻君のことを叱りませんでした。なぜなら、悪いことをすることでしか気持ちを伝える術がなかったのではないかと思ったからです。その真意は（先生、ちゃんと僕を支えてプールに入らせてくれよ）という心の叫びだと感じました。

私は割れた湯のみを黙って片付け、峻君には「ごめんね。プールに入れなくて。代わりにトランポリンやろうか」と誘いました。

翌日から、毎日、朝と昼にトランポリンをやる時間をもちました。峻君から（行こう）と私を誘ってくれます。やりたいと思える活動が毎日ある中、次第にプールへの抵抗は薄れ、以前のように笑顔で水しぶきを上げる峻君が戻ってきました。そして、湯のみはあれ以来、一回も割ることはありませんでした。

あのとき、湯のみを割ったこと自体を強く諌めていたら、きっともっと割ろうとしたか、他の悪いことをしたのではないかと思います。なぜなら、本人が求めた対応が返ってきていないのですから。

峻君にとって、助けを呼ぶための手立てが、わざと悪いことをすることしかなかったとしたら…そう思うと心が痛みます。必要なのは叱ることではなく、豊かなかかわりをたくさん味合わせてあげることに尽きると思います。

「やらない」ことに成長を見出す

中3になった峻君が、ある日を境に体操着に着替えなくなりました。できていたことができなくなると、（どうにかしなくては）とつい思いがちです。

しかし、その思いはグッとこらえて、なにか理由があるはずと考えました。すると、着替えなくなった時期が、運動会の練習開始の時期と重なっていることに気づきました。峻君は、運動会に強い苦手意識をもっていたのです。

（着替えをすれば、運動会の練習をしないといけない）

そう考えて着替えをしなくなったのではないかと思い当たりました。だとしたら、これは確かな成長です。「学校に来たら着替える」というパターンで行動していた峻君が、「着替えたら運動会練習だから着替えない」と、見通しをもって行動できるようになったのです。本来、着替えは手段であるはず。体育や作業という目的のための手段として体操着や作業着に着替えるのですから。「着替えない」のは、峻君にとって、着替えがパターンではなく、手段になった証であり、見通しの力がついてきたのだと、担任間で喜びあいました。

この頃から、「楽しみな見通し」を手がかりに活動に広がりが生まれました。昼休みのトランポリンを思い描き、今まで決してやらなかった給食の片付けを自分からやり始めたのです。「片付けの後はトランポリン」という「楽しみな見通し」があればこそでしょう。

「イヤ」のなかにある「ホントはやりたいねがい」

運動会を間近に控え、「体操着に着替えなさい」と迫るのではなく、「本人がやりたいと思える活動を用意できれば自分から着替えるはず」、そう考えはしたものの、結局、そんな活動は用意できないまま当日を迎えることになってしまいました。正直、競技への参加はもちろん、体操着への着替えだけでも苦労するだろうなと予想していました。

ところが驚いたことに、峻君が家から体操着を着て登校してきたのです。

「お母さん、よく峻君が着替えましたね！」

「えぇ、夜中に引き出しをからっぽにして、体操着だけ入れておきました」

峻君ママの作戦に脱帽です。

ただ、体操着を着て来たからといって活動に参加するわけではありません。〈運動会に参加するために体操着を着よう〉と納得して着たわけではないからです。徒競走が始まるのを察した峻君は、植え込みの陰に隠れて座り込みました。

「1回だけ走ろうよ」と誘う私。腰を浮かし行きかけるも、やっぱり座り込み、不安気な表情。行きかけて後戻り…その繰り返し。とうとう時間切れになってしまいました。

私は、「峻君、終わっちゃったからもういいよ」と笑顔で声をかけました。深く考えることもせず、〈まぁ仕方ない。葛藤もなくなり、これで落ち着くだろう〉と思ったのです。

しかし、この判断は大間違いでした。このあと峻君は今まで見たことがないくらい「悲しげなパニック」になったのです。わぁわぁ泣きながら自分の頭を叩き続けました。

〈やりたくないだけじゃなかったんだ。やらないまま終わったら、こんなにも悲しいものなのか〉

私はこのときになって初めて気づいたのです。峻君の心の中には「本当はやりたい」というねがいが確かにあったのです。私は、そのねがいに気づくことができませんでした。

峻君と筆者。ドキドキしたけど「できてうれしい！」

峻君自身も自覚できていなかったねがいかもしれません。やらなきゃいけないことはわかっている、でも、一歩が踏み出せない…そんな葛藤のさなか（本当はやりたいのに）などと意識できる余裕はとてもなかったように思うのです。しかし、やらずに終わってしまったときに、どうしようもない悲しみが込み上げてきた。そばにいてそう感じました。

本人自身も自覚できていない「ホントのねがい」があることを、私はこのとき知りました。悲しげに自傷する峻君の姿に「イヤのなかにあるホントはやりたいねがい」を汲み取ることの大切さを教えられた瞬間です。

それ以来、目に見える言動は「イヤ」だとしても、そのなかにどんな思いやねがいが隠されているのかを考えるようになりました。やることがわからなくて不安ならば、見通しをもたせてあげよう。できる自信がないのであれば、自信がもてるようていねいに支えよう。そして、「イヤ」と見える姿のなかに、ホントはやりたいねがいがあるなら、徹底的に支えて実現しよう。表面的な言動に惑わされず「心の声」と会話したい。

私の支えが足りず、できないまま終わった徒競走。このままだったら、またひとつ運動会への負の思いが積み重なってしまったことでしょう。しかし、午後からのフォークダンスで峻君ママに救われました。「佐藤先生が待ってるから行こう」と峻君の手を取りグランドに連れてきてくれたのです。そして、私と両手をつなぎ音楽に乗ってピョンピョンとジャンプする峻君。運動会当日、みんなと一緒に参加できたのは、初めてのことでした。ダンスを終えた峻君の最高の笑顔。運動会では今まで決して見せたことがない笑顔。忘れることはできません。

ホントのねがいが叶った瞬間。このような瞬間をどれだけ積み重ねられるか。自分のやるべきことがひとつわかりました。

こうした子どものホントのねがいに気づいたとき、目の前の子どもの姿がガラリとちがって見えてきます。いくら誘っても拒否する子を前に「なんでやらないんだよ。困った子だなぁ」とついイライラしてしまうかもしれません。しかし、実は想像の及ばないほどの不安や自信の無さのため、やりたいことができずに苦しんでいる姿だとわかったらどうでしょう。もっと早く気づけなくてゴメンという申し訳なさと同時に、なんとかして支えたい愛おしい姿へと変わります。

出会いや気づきの一つひとつが大切なタカラモノへと変わっていきます。

第２節　こだわりだから仕方ない？

行った道でしか帰らない

峻君には、「行った道でしか帰らない」というこだわりがありました。行きとちがう道で帰ろうと言われると、たちまちパニックになり頭を叩く自傷が始まることもあります。

社会見学で訪れたある博物館でのことです。入口付近に２階に上がるエスカレーターがあり、峻君は入館するやいなやそのエスカレーターで２階へとダッシュで上っていきました。

私は思わず心の中で（しまった！）と叫びました。なぜなら、そのエスカレーターは上りだけで、隣に下りがついてなかったからです。

「行った道でしか帰らない」峻君。案の定、１階に戻るために、上ってきたエスカレーターで降りようと試みます。しかし、階段を降りても降りても、エスカレーターは上ってしまい前に進みません。けげんな表情を浮かべる峻君に「あっちの階段で降りようか。エレベーターもあるよ。１階のレストランには大好きなトンカツが待ってるから」と声をかけましたが、言うことを聞いてくれません。どうしても来た道で帰りたいのです。私は峻君の気持ちを切り替えさせることができず、最後は仕方なく警備員に頼んでエスカレーターを止めてもらったのでした。

峻君のこうしたこだわりや切り替えのむずかしさは「自閉症だから仕方ないこと」なのでしょうか。

楽しみなプールが中止になっちゃった

夏のある日、朝から雨が降り続いていました。体育はプールの予定でしたが、屋外プールだったこともあり、残念ながら中止の判断です。

ところが、峻君がプールバッグを大事そうに抱えてスクールバスから降りてきたのです。私は（あちゃ～！　これは大変な一日になるぞ）と覚悟しました。というのも、峻君はプールが大好き。誰よりも早く着替え、朝の会から水着姿で準備万端なのです。そんな峻君がプールに入れないとわかったら、間違いなくパニックになり、授業どころではなくなるだろうと思いました。しばし悩んだ末、（それならば、いっそのこと内緒でプールに入っちゃえ！）と腹をくくり「一緒にプール入ろうね」と声をかけました。

その一言で、峻君は玄関から教室にダッシュ。普段は放り投げてしまうカバンからしっかり連絡帳を出し、掃除用具入れにも登らず自分の席に着いて朝の会を待っていました。

クラスでは、プールの代わりにホットケーキづくりに取り組みました。峻君は大好きな目玉焼きも自分で作りうれしそうでした。活動が一段落した頃合いをみて、私は意を決して、峻君をプールに誘いました。

すると、まったく予想外のことが起きたのです。峻君は私の手を取ると、プールではなく体育館へと走っていったのです。そして、「ふん！　ふん！」と指さし（トランポリンを出して！）と一生懸命合図するのです。

（えっ！　なんでプールじゃないの？）と疑問に思いながら、言われた通りトランポリンを用意すると笑顔で跳び始めました。そして、その後、プールへの要求は一切ないまま下校していったのです。

プールに入らず、しかも、パニックにならずに帰るなんて考えてもみませんでした。なにより、朝からプールを楽しみにしていたはずなのに、なぜ誘われても行かなかったんだろう？　なぜトランポリンにしたんだろう？　まるで狐につままれたようでした。

ホントのねがいは「こだわらない自分」

峻君が帰ってから一日の記憶を朝から辿ってみました。そして、私は（もしかしたら…）とひとつの考えが思い浮かびました。

それは、峻君は今日のプールは中止だとわかっていたんじゃないかということです。

ただ、わかっているけど入りたいし、もし、入れないと言われたら泣いてしまっただろうと思います。けれど、先生は「入ろう」と言ってくれた。それは峻君にとって、格別にうれしいことだったのではないでしょうか。いつもは放り投げるカバンからちゃんと連絡帳を出し、高いところにも登らず自分の席に着いて待つという明らかにいつもとちがう行動をとったのは、（中止のはずのプールに入れるならちゃんとやるよ）という意味があったのではないかと思い当たりました。

しかし、大好きな調理で気持ちが満たされたら、誘われているのにプールでなく、トランポリンを選んだのです。まるで（先生、プールじゃなくてトランポリンでいいよ）とでも言うように。

それは、「中止なのにプールに入る自分」ではなく、「入りたいけど、プール中止を受け入れられる自分」を選んだ姿だと感じました。プールに入れなければ泣いてしまうにちがいないと決めつけていた自分が情けなく、峻君に申し訳ない気持ちでいっぱいになりました。

こだわりの強い子のホントのねがいは「こだわりを押し通すこと」ではなく「こだわらない自分になること」。

「自閉症だから仕方ない」で片付けてしまっては、子どものねがいに目をつむることになってしまいます。

峻君がまたひとつ大切なことを教えてくれました。

はじめての実践記録

私の峻君へのかかわり方について、他のクラスの教員から「甘やかしてる」「教育課程から外れている」等の批判の声が出始めました。なにせ一人だけ着替えはしないし、朝のランニングには行かずにトランポリンをしているし、プール中止なのに入れようとするし…まぁ無理もないですよね。

そこで私は、自分なりに大切にしていることを実践記録としてまとめ、学部会で話し合うことにしました。私にとって初めての実践記録でした。それをもとに次のようなやりとりがありました。

「作業のとき、佐藤先生は峻君をおんぶして連れて行っているが、中学生では甘やかしでは？」

「『中学生だから』という生活年齢だけで考えてはいない。今はおんぶを支えに行っているが、作業の中身に本人がやるべき価値を見出すことで、将来おんぶは必要なくなると考えている」

「峻君が風船を膨らませては破裂させて遊んでいたとき、佐藤先生が風船をいっぱい用意して渡していた。こだわりを長引かせることを教員がしているのではないか？」

「当時、峻君は気持ちを切り替えるためのきっかけとして風船を使っていた。本人なりにみつけた手立てのようだった。楽しみな活動が毎日保障されることで、切り替えの際の心の負担は軽減したのか、風船は半年足らずで要らなくなった。仮に風船を渡さないようにしていたら、もっと長引くか新たなこだわりが生じていたかもしれない。表面的な行動だけをみず、理由を考え根本的に解決していくことを大切にしたい。私たちが、こだわりにこだわってはいけないと思う」

こうしたやりとりを経て、とりあえず「担任がかかわっているときは割り込まず見守る」ことが共有されました。また、こうした気になる子どものことを話し合うことを大切にしようと毎月一回、時間をかけたケース会が開かれるようにもなりました。当時、私のかかわりに対して思うことを率直に言ってくれた同僚に感謝です。

私自身、実践記録を書くことで、子どもの思いをどう汲み取ったか、どんな言葉を選んで声をかけたか、子どもの反応から何を感じたか等を意識するようになっていきました。そして、意識すればこそ子ども理解の甘さや間違いに気づくこともできたと思っています。ホントのねがいに気づくことでかかわり方も変わります。もし仮に、再び雨の日に峻君がプールバッグを持ってきても、私は「入ろう」とは言いません。それは彼のホントのねがいではないと思えるからです。「入りたいよね」と受け止めながら、峻君自身がどうすれば「入らない自分」を選び取れるか、そのことを最優先に考えてかかわるでしょう。こうして私自身が育ててもらってきたのだなと感じています。

卒業後の姿

中学部時代は絶対に重ね着はせず、冬でも1枚しか着なかった峻君が、高等部では、シャツの上にブレザーを着て登校するようになりました。慣れたからではなく、(高等部に行くために制服を着る）と納得して折り合いをつけた姿でした。そして、成人式のときに送っていただいた写真では、しっかりとスーツに身を包んでいました。そのときに添えられていたママからの手紙です。

「養護学校を卒業後、地域の更生施設に毎日楽しそうに通っています。今でも忘れられない、服にこだわり体操服登校が難しかった中学部時代。…今は洋服のこだわりはありません。でも、こだわりはダメと制止しても、こだわらずにいられない場合が多いです。峻の『こだわりの宝庫』に新しく追加されそうな『こだわり』には、私と峻の間で妥協点をみつけています。成功したり失敗したりの繰り返しですが、小さな成長も大きな喜びとなって感じられることを知りました。そしてその喜びには、いつも多くの人の支えがあったからだと感謝しています」

峻君を「こだわりの宝庫」といい、そこに妥協点をみつけることに喜びと感謝を感じるというママ。「こだわりをなくせばいい」というのではなく、「こだわりに折り合いをつける」ことが峻君自身のねがいであり喜びであると感じられていればこそでしょう。

峻君は今30代半ばを迎えています。先日、ママが写真とともに近況を知らせてくださいました。そこには、仲間や職員さんとともにいろいろなところにおでかけを楽しむ峻君の変わらぬ笑顔がありました。そして、ママからのメッセージには次の一言が添えられていました。

「通所先の外出でいろいろな所にでかけています。博物館もちゃんと見学し、出口から出られるそうです（笑）」

峻君、成人式での一枚

第３節　折り合いをつける力

物を壊しては「ごめんなさい」と書き続ける

宗ちゃんこと宗市朗君（知的障害、自閉症）が転校してきたのは中3の5月の終わり頃でした。前籍校からの資料には「発語はないが、文字を書いて簡単なコミュニケーションがとれる。音楽鑑賞が好きでオルガンで何曲か弾くこともできる」等の実態の他、いわゆる問題行動として「パニックになると身の回りの物を壊す」とありました。特に「教員のメガネには要注意」とのこと。（まぁ、そうは言ってもかかわってみないことにはわからないよな）と思いつつ、初日を迎えました。

緊張した面持ちの宗ちゃんでしたが、グランドに出て朝の体操が始まると、手足をピンと伸ばし全身を躍動させ始めました。生真面目さが伝わってきます。登校初日の宗ちゃんにとって、手本になる教員がいる体操はやるべきことがわかりやすかったのでしょう。ところが「休憩」になった途端（これから何をやるのだろう?）と不安が一気に高まったようです。私の顔を上目遣いでじっと見つめると、メガネを取ろうとスーッと手を伸ばしてきました。仮に素早い動きだったら反射的に止めていたでしょう。でも、このときはゆっくりだったのです。「メガネには要注意」という引き継ぎが脳裏をかすめましたが、（渡したらどうするかな。渡してみないとわからないよな）と思い「どうぞ」と渡してみました。

するると、まるでタオルを揉み洗いするかのように、両手でメガネをクチュクチュッと動かしたかと思ったら、あっという間にフレームはバラバラになっていました。

（いかん。パニックだ）と思い、両手を押さえ、誰もいない教室へ連れて行きました。静かな環境で落ち着かせようと思ったものの、教室に入るなり私のTシャツにつかみかかり破いてしまいました。私は仕方なくTシャツを脱ぎ、宗ちゃんに「破いていいよ」と渡してみました。すると（これはもう破かない！）とばかりにポーンと投げ捨て、ダッと私に走り寄ると、ズボンを一気に引き裂きました。ジャージがまるでチャイナドレスのようです。次にラジカセを壊そうとするのを必死に止め、汗だくになりながら1時間近く揉み合っていたでしょうか。ようやく落ち着くと、宗ちゃんはノートに向かい何やら書き始めました。

「メガネ、だめ。ごめんなさい。ガラス、だめ。ごめんなさい」

うなだれて何度も何度も書き続けるその姿は痛々しく見ていて切なくなりました。これまでに、物を壊しては「ごめんなさい」とどれだけ書き続けてきたのでしょう。そのたびに自己肯定感を削り取ってきたのかと思うと（ごめんなさいと書かなくていい生活にしたいね）って心の中で声をかけました。

キーワードは「折り合いをつける力」

少しの思いちがいでもパニックになってしまう宗ちゃんだけに、転入当初、スクールバスの中が心配で、私は下校便に同乗することにしました。ところが、私自身がとんだ大失敗をしでかしてしまいました。

ポツポツと降り出した雨に気づいた宗ちゃんが、私の手のひらに「かさ」と指で書いたとき、うっかり「きっとママが傘を持ってきてくれるよ」と言ってしまったのです。しかし、実際にはママは傘を持っていませんでした。バス停に着くなり、宗ちゃんはパニックになり、友だちの傘を真っ二つに折ると、運転手さんのメガネや無線機まで壊そうと暴れてしまいました。いや、私が暴れさせてしまったのです。

私の迂闊(うかつ)な言葉がけで「ママは傘を持ってくる」と思い込ませてしまったために起きたパニックです。不確かなことは「わからない」と伝えるか、気持ちを受け止めて「持ってきてくれるといいね」等と応じるべきでした。

このように、宗ちゃんがパニックになるのは「自分の気持ち」に相反する「現実」や「相手の気持ち」にぶつかったときです。例えば、休み時間は好きなＣＤを聴こうと決めていたのに、ラジカセが故障中で聴けなかったり、先生にジュース飲みたいと書いて伝えたのに、水しかもらえないときなど、瞬時にパニックになりメガネを壊そうとしました。

パニックになる前に少しでもやりとりができたらいいのに。そして、お互いに譲り合いながら、落としどころを見つけていけたらいいのに。それが宗ちゃんの生きづらさの根にあると感じました。

ちょうどこの頃、愛知の竹沢清先生に宗ちゃんの話を聞いてもらいました。そのとき竹沢先生が、中心的課題は「折り合いをつける力」だと言語化してくださいました。

宗ちゃんとかかわる上で、最も重きをおくべきキーワードになりました。

ありのまま受け止める、しかし、受け入れるとは区別する

人はどうすれば「折り合いをつける力」を身に付けることができるのでしょう。白石正久先生（龍谷大学名誉教授）のお話が私の胸にストンと落ちました。

「自他のぶつかり合いの場面において、子どもに働きかける原則は、×印のジェスチャーをしたり、×印の絵をみせることではありません。まずは子どもの思いを受け止めること。〈受け止める〉ことは〈受け入れる〉こととはちがいます。〈わかろうとすること〉であり〈言うことを聞いてあげる〉ことではないのです」

先にあげた例で言えば、「音楽を聴きたいよね」と、まずは気持ちをありのまま受け止めます。その上でどこまで受け入れるのか、受け入れられないのか、折り合いをつけるためのプロセスを大事にするのです。「ラジカセが故障して聴けないんだよ」と受け入れられない場合もあれば、「故障してないラジカセを探しに行こうか」と受け入れる場合もあります。

いずれにせよ、本人に「折り合いをつけられた自分」を味わってほしいのです。その積み重ねがあってはじめて「折り合いをつけたい」というねがいが芽生えると思うからです。受け入れてもらえず、パニックになることもあります。しかし、「パニックになったから受け入れる」ことは絶対にしません。「パニックになれば要求は通る」と思ってほしくないのです。たとえパニックになっても、「気持ちはわかっているよ」と伝えながら、どんなに時間がかかろうと落ち着くまでかかわります。

パニックで一番つらいのは本人でしょう。とても想像の及ばない不安や混乱に満ちた世界だと思います。だからこそ、落ち着くまで寄り添いたいのです。「パニックになっても大丈夫。ちゃんと落ち着きを取り戻せる」という安心感、「落ち着くまで必ずつきあってもらえる」という信頼感、そして、「パニックになった自分もダメじゃないと認めてもらえている」自己肯定感をもってほしいのです。

「ダメな自分」と思わせたくない

できる限り宗ちゃんの思いを受け止めようと日々かかわりましたが、そう簡単に折り合いがつくわけもありません。パニックは毎日のように続きました。

そんな中、私はあることを心に決めました。それは、物を壊そうとしたときに「ダメ」「いけません」「やめなさい」といった言葉は絶対に使わないということです。なぜなら、宗ちゃんは「ダメなことだと、わかってやっている」と感じたからです。出会った日、破けたTシャツを「破いていいよ」と渡したらTシャツは投げ捨てズボンを破きにきました。破くこと自体は目的ではなく、こちらが困ることをしたのです。わざと悪いことをして、私の反応を引き出そうとしたのでしょう。間違った方法かもしれないけど、宗ちゃんにとっては精一杯のSOSの発信だと思うのです。だから、ダメとは言わず、パニックになった原因を汲み取り、語りかけたいといつも思っていました。（気持ちはわかってるよ）と伝えたかったのです。

一方、壊す行為はできる限り止めました。壊してしまったら「ごめんなさい」と書きながら、ダメな自分を意識する経験を増やしてしまうからです。

「ダメな自分」と感じさせないよう、さりげなく止めたいのですが、これが難しい…。宗ちゃんを止めるには、渾身の力を込めねばなりません。すると、ついつい怖い顔になってしまいます。宗ちゃんにしてみたら自分を否定されていると感じてしまうでしょう。そこで、私は考えました。

（そうだ！　笑いながら止めてみよう！）

宗ちゃんがパニックになる。メガネを壊そうと私につかみかかる。その手を止める、と同時に「ハッハッハッ！」と笑う。そして、思い当たる理由を語りかける。「そうか〜。今すぐ教室に行きたかったんだね。でも、友だちがまだご飯食べてるから。みんなが終わったら行こうね」そして、パニックが治まるまで、ひたすら止め続ける…このようなかかわりを毎日続けました。

受け止めてもらえたら、自分から折り合いをつける

出会いから4ヵ月。忘れられない出来事があります。

修学旅行でバスがホテルに着くなり、宗ちゃんが私のウエストバッグを壊そうとしました。その手を止めながら私は（なにが理由？）とこれまでの様々なやりとりを思い返し、ふと思い当たりました。

「もしかして、お泊りって○○学園（以前、入所していた施設）だと思った？」

宗ちゃんの動きが一瞬止まりました。

「そうかぁ。前の学校は○○学園だけど、うちの学校は△△ホテルですから〜」

笑顔で伝えたその一言で、宗ちゃんは壊すのを踏みとどまり、一緒にホテルに入っていくことができたのです。この出来事を聞いたママは、とても喜びましたが、私は思います。誰より一番うれしかったのは宗ちゃん自身だったのではないかと。今までは、いったん壊しかけたら止めることはできませんでした。パニックになり、治まるまで格闘し、最後は「ごめんなさい」と書き続ける。しかし、このとき初めて、宗ちゃんは「パニックにならずにすんだ自分」と出会うことができたのです。これを機に、気持ちを受け止めてもらえたら、自ら切り替えたりパニックに歯止めをかけようとする姿がみえはじめました。

昼休みに音楽を聴いていたときのことです。授業時間になってもなかなか切り替えられず、

「CDテープ　音楽を聞きます」

葛藤しているのが伝わってきました。（授業に行けるかな？　それともラジカセを壊そうとするかな？）と内心ドキドキしながら見守っていると、宗ちゃんがノートに「えらい」と書いたのです。（そうか！　授業に行くから「えらい」とほめて、というメッセージだ）と思い、「宗ちゃん、授業に行けるんだ！　えらいねぇ」と頭をなでるとパッと笑顔になり、ラジカセを片付け始めました。宗ちゃんが、気持ちを切り替えるため「ほめてもらう」という手立てを講じたのです。生活のなかで「えらいね」とほめてもらう体験をいっぱいしていればこそ、自分で選んだ手立てです。

　パニックになりたくないというホントのねがいに気づいたとき、自らを支えようとする姿が芽生え始めました。

第４節　受け止められた経験が自分を支える力に

折り合いをつけるための「間」を用意する

宗ちゃん自身が折り合いをつけられるよう、まずは気持ちをありのまま受け止めることを大事にしつつ、「折り合いをつけるための間」をつくることも心がけました。

給食のとき、宗ちゃんは毎日おかわりを要求します。おかわりできないとパニックになり、私のエプロンを破き、箸を折り、スプーンをいとも簡単に曲げてしまいます（超能力もないのに）。そこで私は「おかわりは2回」と約束しました。量は加減しつつ、必ず2回は保障したのです。なぜ2回か。そこに「間」を生み出すためです。

1回目のとき「おかわりできてよかったね。あと1回でおしまいね」と声をかけます。すると、宗ちゃんはおかわりを食べながら、（次でおわり）と自分に言い聞かせ、折り合いをつけるための間が生まれると考えたのです。この「おかわり2回作戦」で、パニックはみるみる減りました。しかし、このままだと「おかわり2回」がこだわりになりかねません。いつでもどこでもご飯を3杯食べることになってしまいます。そこで次に折り合いをつけるためのやりとりをするようにしました。

おかわりの要求には「おかわりしたいよね～」と心から受け止めます。でも、受け入れるとは区別します。食缶が空のときは「残念だけどなくなっちゃった」と中を見せ、残っていても「これは先生が5人の子どもを養うために持って帰るから」等と「おかわりができない」ことを納得できるよう理由を伝えます。否定的な言葉で終わるとパニックになりがちなので、最後は「家でお母さんの美味しいご飯食べてね」と肯定的な言い回しで締めくくります。

こうしたやりとりで、宗ちゃんはパニックにならず、おかわりも、その時々で相談して決めることができるようになりました。

100回目でも1回目のつもりで

宗ちゃんは登校してすぐ自分のお腹をポンポンと叩き（お腹すいた）とアピールします。私は「お腹すいたね〜。国語と数学と音楽をやったら給食だよ」と気持ちを受け止め肯定的な言い回しで答えます。仮に「お昼までまだ3時間あるよ」とか「朝からなに言ってるの」などと答えれば、自分の気持ちを否定されたと感じ、パニックになってしまいます。5分か10分かするとまたお腹ポンポンポン。「お腹すいたね〜。○○をやったら給食だよ」、昼までにこのやりとりを何十回と繰り返します。同じことをそんなに何度も聞かれたら、つい「さっき言ったでしょ」「何度言ったらわかるの」と言いたくなるかもしれませんね。でも、私は何度でも繰り返しました。なぜなら、繰り返すことで宗ちゃんは3時間でもちゃんと待つことができ、お昼には「よく待てたね。えらいねぇ」とほめてあげられるのですから。

ある自閉症当事者の方が「僕は同じことを何度も繰り返し言う。でも、毎回が初めてのような気持ちで言う」と話していました。もちろん、自閉症の方すべてがこう感じているとは限りません。しかし、私たちも毎回初めてのような気持ちで受け止めてあげるのも一つの手ではないでしょうか。

「１００回目でも1回目のつもりで」

私の場合は単に繰り返すだけでなく、少しでも楽しいやりとりになるように、リズミカルに、コミカルに応えました。すると、宗ちゃんは次第に楽しそうな表情へと変わっていきました。サインを出せば必ず期待通り、ときに期待を上回る反応が返ってくることが、うれしくて仕方ないといった様子です。もはやお腹がすいた云々よりも、楽しいコミュニケーションへとその質が変わっていきました。

受け身ではなく、自分から仕掛けられるのがいいのでしょう。こうしたやりとりが増えていくことは、緊張感の強い学校生活で気持ちを和らげ、切り替えるための支えにもなっていたようです。

「支えられる存在」から「自らを支える存在」へ

中学部卒業を間近に控え、レストランに行く計画をたてました。当日の朝、登校するなり私の前にやってきて、口の前に指をたて「シー」のポーズをする宗ちゃん。すかさず私は「そうか、今日はレストランで大きな声を出さないんだね」と答えました。次に手の平で頭をトントンと触る宗ちゃん。「そうか！　今日はレストランで頭にご飯をつけないんだね！」と私。緊張感が高まると大声を出し、ご飯を頭につけ始め、それを止めようとするのをきっかけにパニックになるのがいつものパターン。でも、（今日はそんなことしない）とあらかじめ宣言したのです。

（パニックになりたくない）という自分自身のねがいに気づき、自分を支えようとする姿です。自分で決めたことはしっかりと守り、落ち着いて会食を楽しむ姿は見事でした。

宗ちゃんと出会って10ヵ月。中学部卒業のときを迎えました。そのときのことを宗ちゃんママが次のように綴っています。

「中学部の卒業式後、宗市朗は佐藤先生との別れのつらさにがっくり気落ちして、4日間もろくに食事もとらず寝込んでしまったが、まもなく自分で気持ちの整理をつけて立ち直っていった。この出来事で、宗市朗はすごい成長をしたと思う。心のエネルギーをいっぱいに蓄えて、新しい高等部での生活にも適応していった。わずかだった書き言葉の数が増え、私が話した『ちょっとまってね』を耳で聞いてそのままノートに書けるようになってきた。ある日、ノートにたくさんの言葉を書いた後、『お母さん　おやすみ』と最後に書いて、頭を下げ挨拶をし、布団に入った。まさに会話ができた瞬間！　私は驚きと喜びでいっぱいになり、うれし涙が溢れた」

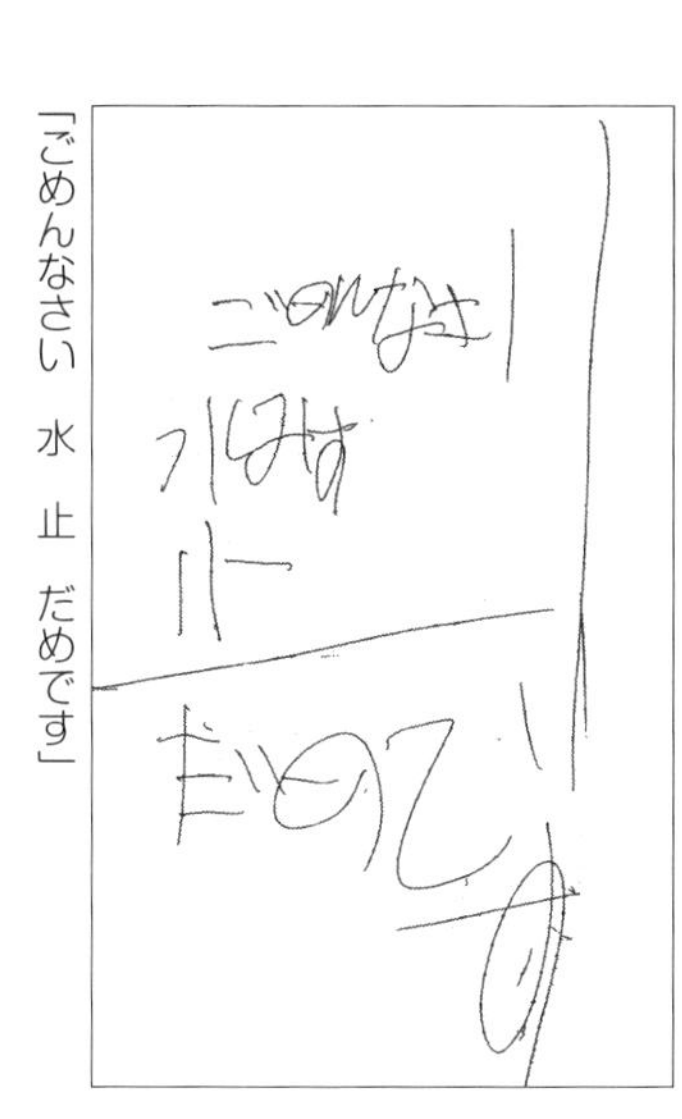

「ごめんなさい　水　止　だめです」

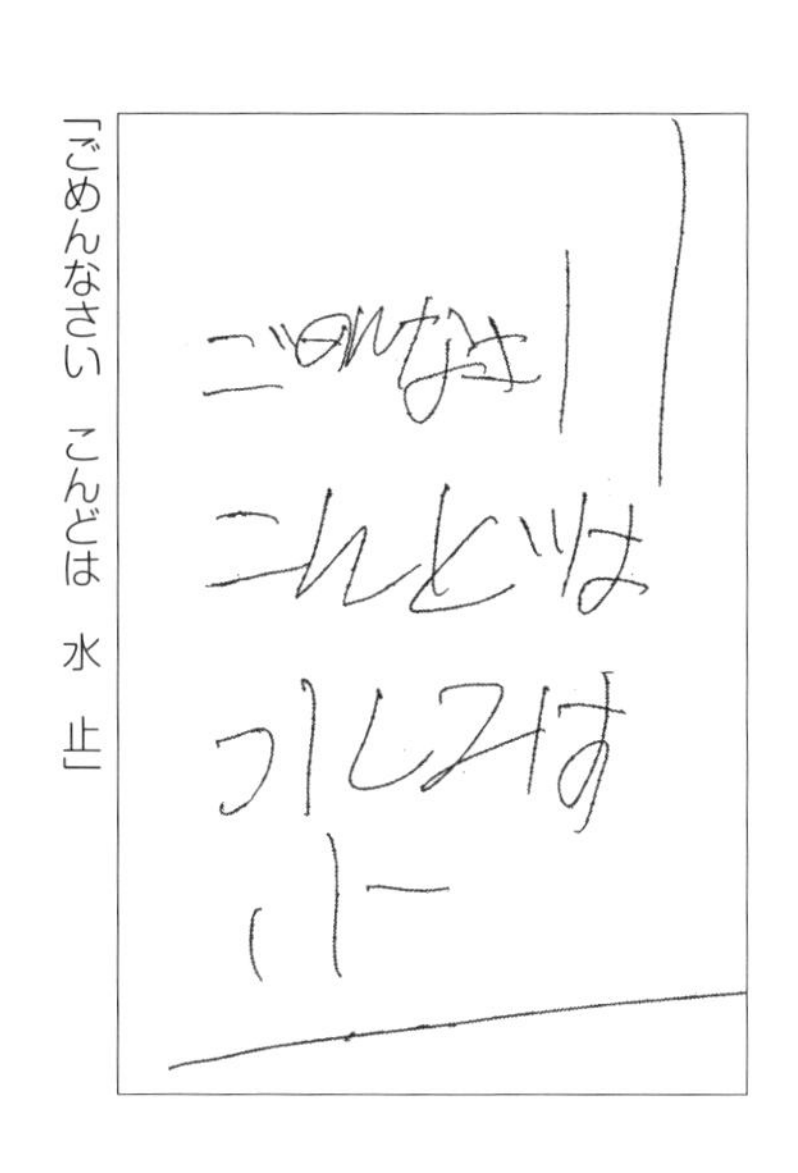

「ごめんなさい　こんどは　水　止」

高等部の担任から、この「ちょっとまって」についてこんなエピソードを聞くことができました。

保健室で宗ちゃんが手洗いを始めたときのことです。これまで、手洗いをなかなか終われず、急かされるとパニックになっていた宗ちゃんが、このときは「そろそろやめようか」との声かけに、近くの紙に「ちょっとまって」と書いたそうです。

宗ちゃん、すごい！「ちょっとまって」というのは「もう少しで止める」という意思表示にほかなりません。しばらくして自分から切り上げられたそうです。

同じ頃、自宅で手洗いをやめられなかったとき、宗ちゃんがノートに書いたのは、「水　止める　だめです　ごめんなさい」（水を止められずごめんなさい）という言葉でした。そして、それに続けて「こんどは　水　止める」と

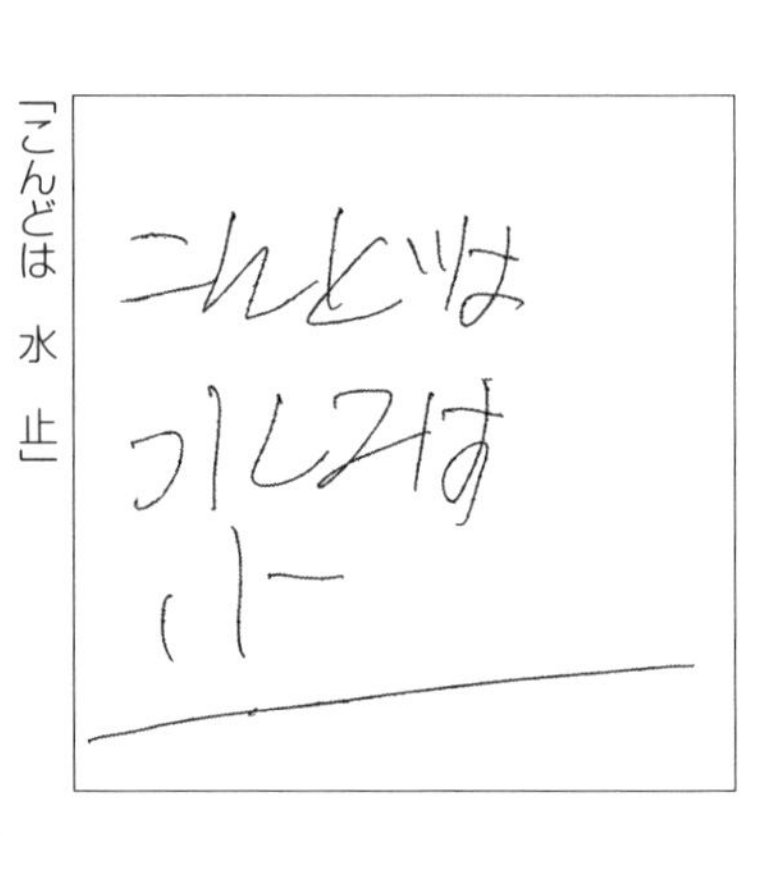

「こんどは　水　止」

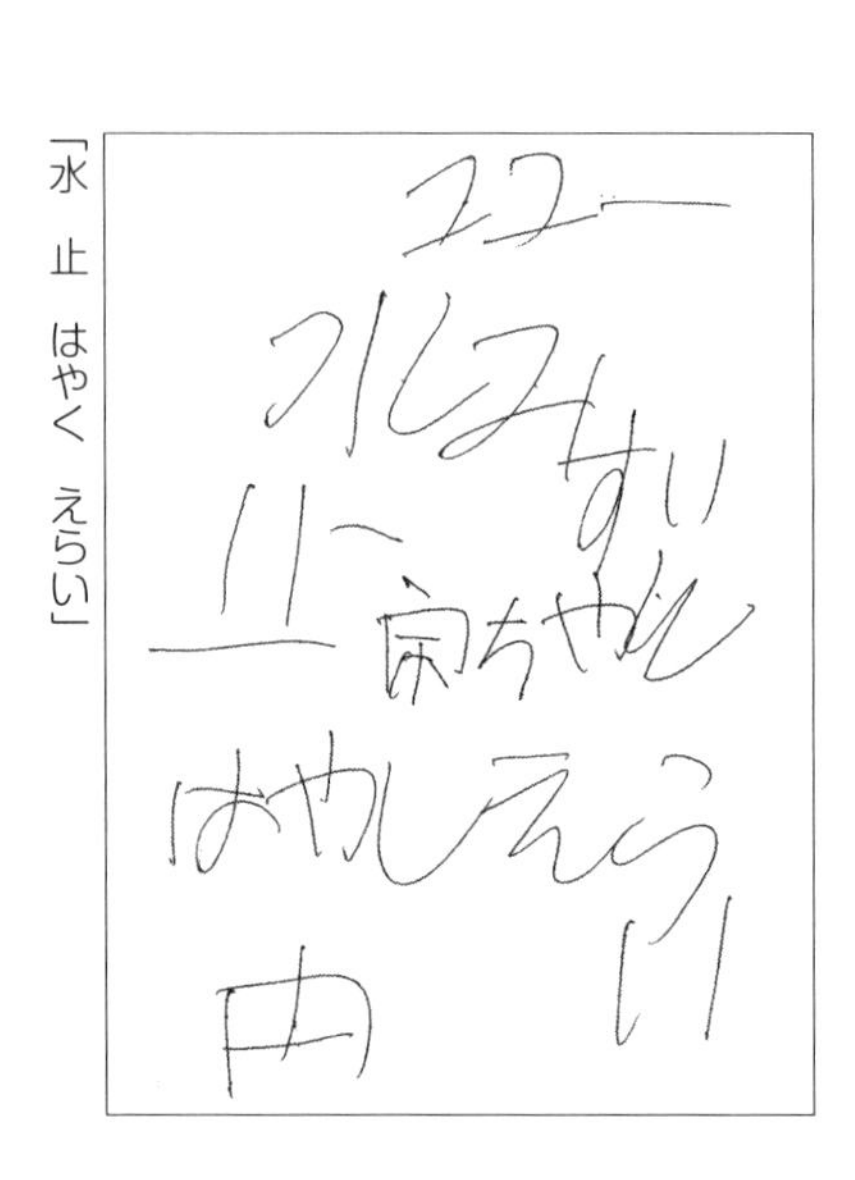

「水　止　はやく　えらい」

書いたのです。

　こだわってなかなか止められない水を、次こそは止めてみせるという決意を綴りました。自らのこだわりに打ち勝とうとするこの言葉に胸が熱くなりました。

　そして、それから数ヵ月。とうとう水を止められる日がやってきました。

「水　はやく　止　えらい」（水をはやく止められたよ。えらいでしょ）。そう書いたノートを満面の笑みで見せてくれた宗ちゃんを、ママは喜びと感動と愛情をもって心からほめてあげたそうです。

　こうした宗ちゃんの姿から学びました。大切なのは、パニックにならないことではなく、なりそうなときに自分を支えること、たとえなっても、立ち直ろうとすること。

　ホントのねがいが叶えられた新しい自分との

出会いは、よりよい自分へのねがいを高め、自分を支えようと、子どもが自ら変わっていくのです。

「思いやり」はつらさを受け止めてもらえばこそ

宗ちゃんが高等部を卒業して十数年。今は施設で元気に過ごしています。宗ちゃんママ曰く「困難を跳ね返す強さ、折り合いをつけることを身につけ、強い男になりました。更には人を思いやり、人に愛され、個性をよしと受け止めて大好きだと支えてくれる方々がいます。周りが変わっていくのです」

困難にぶつかっても、自ら乗り越え変わっていく宗ちゃんの姿が、周りの大人に本当に大切なものはなにかを気づかせ、変えていくのでしょう。

施設の体育祭で、車椅子の障害物競争を見学していたときの出来事です。何本も立てられたポールを避けていく競技だったのですが、なかなか進めず困っている方を目にした宗ちゃんが、観客席から突然出ていって、ポールをすべて取り除いてくれたといいます。会場全体から「お〜」という歓声があがったそうです。

宗ちゃん自身が、つらい気持ち、悲しい気持ちをたくさん受け止めてもらってきたからこそ、人のつらさや悲しさに想いを重ねてやさしさを配れるようになったのでしょう。

「競技の邪魔をしてはダメ」ではなく、「通りやすくしてくれてありがとう」と、宗ちゃんの気持ちをちゃんと理解し称賛してくれる方々に囲まれていることをうれしく思います。

宗ちゃんとママを支え続けた、タカラモノの出会い

宗ちゃんのママが、拙著『自閉症児が変わるとき』（群青社）に、宗ちゃんの育ちを振り返り、手記を寄せてくださいました。そこには、過酷な日々から救われた、かけがえのない出会いが記されていました。

「生後1ヵ月くらいは夜間も3時間おきの授乳が普通だが、宗市朗は昼間もあまり眠らず、夜間も1時間おきに泣き続けた。オムツを替えてもだめ、とにかく何をしても機嫌が直らず泣き続けるのである。きっとそのうちにリズムがついてくるはずだからと、自分を納得させ、ひたすら耐えた。それが1年を過ぎても相変わらずで、3歳になるまでその過酷な状況が続いた。

私は疲労困憊し、いつ起きているのか眠っているのかわからないほど朦朧（もうろう）とし、子どもを抱いている時間が長時間に及んだ無理がたたり、腱鞘炎になって箸を持つこともできなくなった。

子育ての苦労を話しても、周囲の人からは、『親の育て方が悪いのでは』『もっと頑張って』などと言われ、理解してはもらえなかった。これ以上、どう頑張ればいいのか。子どもの一人

も満足に育てられない、という烙印を押されたようで、私は深く傷ついた。

もしも、ただ黙って私の思いに耳を傾けてくれる人がいたなら、どれほど心が癒され、救われただろうか。

やがて医師から、『自閉症でしょう』と告げられ、私は絶望し、とことん自分の気持ちを落ちるところまで落とした。涙も涸れて地獄の底を見たとき、不思議にストンと気持ちが治まり、『よし、これからは子どもをしっかり受け止めていこう』と決意すると、腹が据わり、もう何も恐いものはないと思った。

そして、３歳のとき、風邪をひいて受診した近所の病院で、障害児の専門家である及川医師と出会った。誰かの紹介を受けたわけではなく、まったくの偶然の出会いだったが、一通りの診察を終えると、及川医師は私に言った。

『僕はこれから命のある限り、宗ちゃんのことを見続けていく。あなたたちには支えになる人が必要だ。僕がなる。宗ちゃんのすることを、みんなよしとしなさい。お母さん、いやなことはすぐ忘れてしまいなさい。宗ちゃんのことを大切に大切にすること。それから、お母さん、決して自分を責めないで。おいしい物を食べて、おしゃれをして、お母さん自身が輝いていることだよ。いいね、約束してくれるね。これから何処へ行っても、出たとこ勝負でいこう。トライ　アンド　エラーの精神でね』

そして、宗市朗の手をとり、固い握手をして、『宗ちゃん、先生は宗ちゃんの友達だよ。仲良くしてね』と、慈愛に満ちた語りかけをしてくれた。

私は比類ない感動につつまれて、涙とともに目から鱗がぽろぽろと落ち、心がぱっと明るくなり、肩の力が抜けていった」

及川医師はこの言葉通り、命ある限り、宗ちゃんとママを支え続けてくださいました。これぞ、タカラモノの出会い。

第5節　ねがいが高まり自ら変わる

パニックになり、ママにつかみかかる

「先生。今すぐ来られないでしょうか?」

切羽詰まった玲君ママからの電話に、私はすぐに車の鍵を手に取りました。玲君の家までは車で15分。到着するとパニックはすでに治まり、ホッとした表情のママの姿がありました。これは玲君（自閉症、知的障害）が高校3年生のときの出来事です。激しいパニックになった玲君に掴みかかられ、ママは仕方なく車に避難し、電話をかけてきたのでした。

突き刺さる他人の目

玲君は1歳前からママへの噛みつきやひっかきが続き、3歳のときの精神科相談では、目の下に隈をつくり噛み傷だらけのママの姿をみた医師から「お母さん、あなたが入院しなさい」と言われたそうです。

幼児期から小学校低学年の頃は、頻繁に家を出て行方不明になった玲君。自転車に乗れるようになると、一人で出かけてしまい、見つけたときは素っ裸で、服も自転車も見つからず、何度も警察のお世話になりましたとママは振り返ります。

買い物に行けば品物を投げまくり、病院の待合室では長椅子をひっくり返す。電車を見に連れて行けば終電まで帰らず、近所で引越しがあれば、降りしきる雪の中でも、終わるまで見届けなければ気がすまない。そんな玲君にいつも寄り添ってきたママ。

そうした日々の中、一番つらかったのは、他人の目だったそうです。玲君を指さし、「言うこと聞かないとあんな子になるよ」とわが子に言う母親。氷の張った川に入ってしまったときや、道路の真ん中で寝転がるのを止めるために体を押さえつけていると、「虐待だ！　警察を呼ぶぞ！」と言われ、自閉症について説明しても、「家の柱に縛り付けておけ！」と怒鳴られ絶望的な気持ちになったそうです。

飛び出しが多いのだから、家に鍵をかけるよう助言する人もいましたが、「鍵がなくても出かけない」ことを学べるよう鍵は使いませんでした。決してダメと言わず、かといってなんでもいいではなく、走り回ったら「歩きましょう」、噛まれたら「やさしくしてね」といつも肯定的な言葉がけをママはしてきたのです。

知ってもらい、わかってもらう

ママは玲君のことを理解してもらおうと、スーパーや交番にも説明してまわりました。すると、スーパーではほうきや雑巾を用意してくれ、買い物の後「お疲れさま」とお茶を出してくれたこともあったそうです。図書館で借りた本を壊してしまうので、司書さんが「壊れそうな本は隠しましょうか」と言ってくれたり、勝手に人の自転車に乗っていくのも、悪気はないことをおまわりさんもわかってくれたり、周囲の理解が広がっていきました。ママの努力に頭が下がります。一方で、ここまでしなければいけない事実に、障害に対する理解を広げる必要性を痛感します。当時を振り返り、ママが心に残るエピソードを教えてくれました。

「その頃、歯科医院の待合室に置いてあるお気に入りの本を、大きな声で読むのが苦痛でした。『小さい声で読もうね』『車の中で読もう』と言ってもきいてくれず、待合室にいる方全員に『申し訳ありません』と頭を下げたのですが、大きなため息をつかれたり、『今日は帰ります！』と帰ってしまう患者さんもいて、針のむしろ状態でした。

そんななか、救世主が現れました。

『読んでくれてありがとう。おばちゃん、だれかに本を読んでもらったのは久しぶりよ。大人になったらだれも読んでくれなくなっちゃったの。うれしかったわ～』と隣の席の女性に言われたのです。『上手ね～』とほめてくださる方はいましたが『ありがとう』と言われたのは初めてでした。その女性の言葉に肩の力がふっと抜け、私もこんなステキな人になりたい！と思ったことを今でも鮮明に覚えています。

スーパーの店員さん、消防士さん、おまわりさん、皮膚科のスタッフさん、図書館の司書さんなど、助けてくれる人もたくさんいて、その方たちのおかげでなんとかやってこられたのだと思います」

予定を決めて過ごす

私は玲君が中学1年のときに出会いました。家庭での波乱万丈なエピソードとは裏腹に、学校では穏やかな玲君。友だちに遊んでいる物を奪われても取り返すことができず、隅っこで、大切にしている本を静かにビリビリ破いているような子でした。（学校では優等生でいなくちゃ）の思いが強いのか、先生の指示に素直に従うものの、イヤなことも拒否できず、ストレスをためこみ、ときに窓を開けて大声で叫ぶことがありました。

水着の色にこだわり、先生たちに聞いてまわる玲君。「青木先生、水着の色は？」「赤よ」などと一日に何度も同じやりとりが繰り返されます。初対面のとき私も聞かれ、咄嗟に出た答えは「ショッキングピンク」。想定外の答えに一瞬キョトンとした後、「ショ…ショ…ショッキングピンク〜⁉」とお腹を抱えて大笑い。ちょっとした遊び心で、こだわりが楽しいやりとりへと変わりました。

玲君は、絵の得意な人に、好きな乗り物を描いてもらうのが楽しみで、私もいつしか「絵描き人」として選ばれる栄誉を賜りました。この時間を「お絵かきタイム」と名付けることで、「佐藤先生、お絵かきタイム！」とスムーズに要求できるようになりました。

玲君はスケジュールにこだわり、時間割や行事のチェックを欠かさず、家でも予定を決めて過ごしていました。例えば、土曜日は図書館と電気屋さんに行く日、毎月第2日曜日はパパと青梅鉄道公園に行き、決まったお店でハンバーグを食べる日…などです。そして、その予定のなかに、「第3土曜日はママに他害をする日」が含まれていました。大好きなママだからこそ、普段がんばりすぎてため込んでしまったストレスをぶつけていたのでしょう。人間関係の幅が狭く、特定の人と深い関係にある場合、他害はその人に向かいがちです。

玲君を愛してやまないママは、「月に1回のことだから」とその日は噛まれるのも覚悟で、夏でも厚手の服を着るなどして受け止めてきました。

ホントのねがいは「自分に歯止めをかけること」

高等部を卒業して数ヵ月、久しぶりに玲君ママから電話がありました。「玲が『明日ママ病院！　包帯！』と他害をすると予告しています。どうしたらいいでしょう」

私は次のように伝えてみました。

「玲君は、ホントはママを傷つけたくないんだと思います。予告ではなくて、止めてほしいのではないでしょうか。だから、こんな風に言ってみたらどうでしょう。『明日他害しちゃいそうなんだね。でもやりたくないんだよね。どうしたら止められるか一緒に考えようね』って」

それですぐに止まるとは思いません。ですが、玲君のホントのねがいを「わかってるよ」と受け止めたいと思ってのことでした。

翌月の第3土曜日の前日、「玲が『佐藤先生、電話！』って何度も言うのでかけました」と連絡がきました。受話器の向こうで「佐藤先生、お絵かきタイム～」と言っている玲君の声が聞こえます。「わかりました。明日お邪魔します」

翌日うかがうと、リビングの床に模造紙が広げてあり、隣には、乗り物図鑑とクレヨンがセットされていました。私を座らせると間髪入れず「はしご車！」とリクエスト。書き始める前に10台と数を決めスタート。玲君はどの乗り物をどう配置するかを考えながら私に指示します。1時間半ほどで仕上がると「画びょう！」と言って完成した模造紙をリビングの壁に貼り、満足げでした。

そして、この日、ママへの他害はありませんでした。

（そうか、玲君はママへの他害に自ら歯止めをかけるため、お絵かきタイムを選んだんだ）

と合点がいきました。（玲君すごい！　この思いに応えたい）。そう思い、毎月第３土曜日はお絵かきタイムの日になりました。

あっぱれ！　玲君

ただ、予定がいつも合うとは限りません。用事があり、行けない日もあります。そこで、毎回、翌月の日にちを決めるため、私の手帳に玲君自身に「おえかきタイム」と書いてもらうことにしました。

用事があるとき、私はあらかじめ第３土曜日に「出張」と書いておきました。ページを繰っていき、その文字をみつけ表情が固まる玲君。すかさず声をかけました。

「その日は、先生も玲君とお絵かきタイムやりたいんだよ〜。なのに、バカ校長が『出張行け』っていうんだよ。まったくもうバカ校長め！」

「その日はできません」と面と向かえば対立関係に陥ります。しかし、やりたいのにできないと言えば横並びの関係です。そして、バカ校長は共通の敵。気持ちは受け止めるが受け入れることができないこと、そして、本人が納得できる理由を伝えたかったのです。

しばしの沈黙のあと、玲君は折り合いをつけ一週間後にお絵かきタイムを延期してくれました。しかし、お絵かきができなくなった第３土曜日は果たしてどう過ごすのか。不安がよぎりました。

玲君とお絵かきタイム

そのときのことを、ママから後日うかがうことができました。

「第3土曜日の前日、急に模造紙とクレヨンを出し、お絵かきタイムの準備を始めたんです。え〜、混乱してるのかな。今日も明日も佐藤先生は来ないのにどうしようとパニックを覚悟しました。でも、ちがったんです。準備した模造紙に向かって仁王立ちで『バカ校長め！』って繰り返し言うとさっさと片付けて、翌日は何事もなく過ごしたんです」

あっぱれ！　というほかありません。玲君は自分なりのやり方で、見事に折り合いをつけたのですね。

4年半続いた玲君とのお絵かきタイムは、施設入所という新たな生活スタイルの始まりと共に終わりを迎えました。今は週一回の帰宅で、一度もパニックはありません。施設でも、好きな職員さんに本を読んだり絵を見せたり、ご機嫌で過ごしているそうです。

「大好きなママを傷つけたくない」というねがいを実現するために、お絵かきタイムという支えを自ら選びとった玲君。あらためて、ねがいの高まりによって、子ども自身が変わっていくことを教えられました。

第6節　「子どもを変える」のではなく「子どもが変わる」

両手をつなぐのは「自傷したくないねがい」

幼いときから激しい自傷を繰り返してきた大吉君（自閉症、知的障害）。両拳にできた硬いタコが、生きづらさを抱えた年月の積み重ねを物語ります。

小学部の高学年になった頃、大きく状態が崩れて自傷やパニックが頻発し、授業にもなかなか参加できなくなっていました。小学6年生のときは、修学旅行にとても連れていけないと不参加になりました。本当は大好きなディズニーランドだったのに…。

私は大吉君が中学部入学のときから担当することになりましたが、出会ったときから「先生、こっち！」と言いながら、必死に両手をつないできました。そして、少しでも手が離れそうになると、たちまち拳で自分の顔面を叩き、泣き崩れてしまうのでした。

（そうか、両手をつなぐのは自傷を止めてほしいというねがいなのだ）と気づかされました。

そこで、大吉君と歩くときは、フォークダンスさながらに肩を組んで両手をつなぎ、座ったときは、膝で顔面を蹴り上げてしまうのを防ぐため、いつも足をからめていました。

私は大吉君との間でこの姿勢を〝装着〟と呼ぶことにしました。喉が渇いて「お水飲みたい」と言われても、〝装着〟状態の私は、すぐそこにあるコップさえ取ることができない日々でした。

やり終えて、子どもの心に残るもの

登校から下校まで、大吉君との〝装着〟は外せません。それでも、日に何度も激しいパニックが起こるのです。

大好きなポップコーン作りなのにひとつポンと弾けた途端にパニック。他の先生が教材の準備を始めたのをじっと見ていたと思ったらパニック。私が何気なく「さてと…」とつぶやいたらパニック。

些細な状況の変化や（何か始まりそう）という不安の高まりが引き金になり、パニックになるのです。そして、頭や顔面を激しく叩く自傷が始まります。

私は、（本当は自傷したくないよね）と止めますが、爪を立てられ、頭突きをされ、噛みつかれることもあります。しかし、噛んだ直後にハッとした表情で「噛んだ！」とつぶやいた大

大吉君との装着

吉君の姿から、噛んでしまった自分に対する悔恨と絶望が伝わってきました。そのとき、心から思いました。（噛まれるより噛む方がつらいよな…）。

大吉君は、「散歩しようか」「買い物行こうか」と本来は好きな活動に誘っても「行きません！　やりません！」とすべて拒否してしまいます。何事に対しても、うまくできる自信がなかったのでしょう。

しかし、出会いから2ヵ月が経ち、お互いに少しずつわかりあえてきた頃、初めて前向きな姿が見られました。校外学習で行く「こどもの国」のパンフレットをじっと見つめると、写真を指差し「ゴーカート…」とつぶやいたのです。私はその小さなつぶやきに（ゴーカートに乗りたい）というねがいをはっきりと感じ取りました。

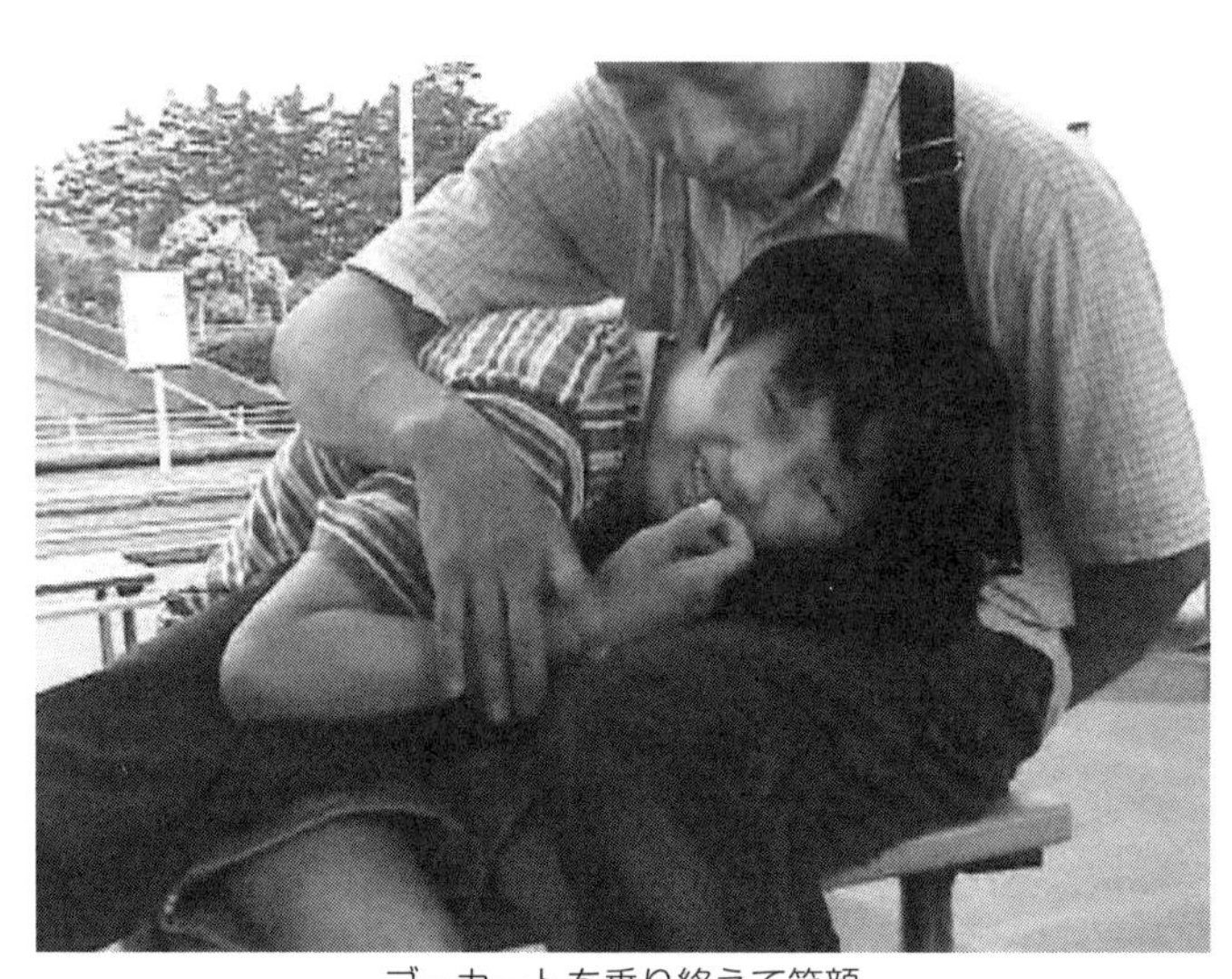

ゴーカートを乗り終えて笑顔

（このねがいを叶えたい）。私自身もねがいました。

しかし、迎えた当日、ゴーカートまであと数メートルというところで、大吉君は「乗りません」と訴えてきました。私はこのとき、（大吉君はゴーカートを目の前に不安が高まっているのだろう。「乗りません」の言葉を鵜呑みに、乗らないままで終わったら、きっと後で「乗れなかった自分はダメだ」と自傷が始まる。何とかしてゴーカートに乗せたい）と思いました。

横にあるベンチを見て、不安のあまり「そこ座る」と言う大吉君。しかし、ここで、いったんベンチに座ってしまったら、ゴーカートへと気持ちを切り替えるのは難しくなってしまいます。だからといって「ベンチには座りません」と否定してしまったら、これまたパニックになるのは火を見るより明らかです。そう思った私は、（不安になるのも無理ないよね）と気持ちを込めつつ、努めて明るく、「はい、はい、じゃあ、そこ（ゴーカート）に座りましょう」とベンチではなくゴーカートへと導いてみました。するど、大吉君は私の体にギュッとしがみつきながら、ゴーカートに乗り込んだのです。本当に乗りたくなければ自傷が始まっていたでしょう。私の言葉を支えに自ら座ったのです。乗れたからよかったのではありません。仮に乗れても（嫌だった。もう二度と乗りたくない）というトラウマを生み出す可能性だってあります。

大切なのは、目に見える「できた・できない」ではなく、「やり終えて子どもの心に何が残ったか」だと思うのです。

無事にコース１周を乗り終えた大吉君は、体中の力が抜けたように、私にもたれかかり、穏やかに微笑んでいました。私は、その満足しきった姿を見て、初めて（乗ることができてよかった）と心から思えました。

不安に打ち勝ち、紅茶を作りきる

出会いから一年。大吉君が「紅茶飲む」と言ったとき、「じゃあ、一緒に紅茶を入れよう」と誘うと、すぐに「行く」と立ち上がりました。以前なら、誰かに頼んで紅茶を持ってきてもらうところです。これまで決まり文句のように「やりません」と言っていた大吉君に、少しずつ自信が芽生えてきたのでしょう。

とはいえ、まだまだ不安は強いのです。紅茶を入れている間ずっと、私は二人羽織のように後ろから大吉君の両手首を握っていなければいけませんでした。大吉君は、何度も「こっち（手を持ってて）」と繰り返します。そして、ときおり「泣いていい？」と支えを求めてきます。不安な気持ちがひしひしと伝わり、（自傷が始まるかもしれない）と緊張感が高まります。しかし、私はできるだけ平静を装い（大丈夫だよ）と態度で伝えます。大吉君は、しっかりと自分の手指を使い、ティーパックを開け、砂糖とお湯を入れていき、見事に紅茶を作りきりました。大吉君が不安に打ち勝ったのです。

私は、この紅茶を自分で飲むだけでなく、他の人にも配ろうと提案しました。「大吉君のいれた紅茶は大好評！　デリバリーしよう！」の呼びかけに「はい」と元気な返事が返ってきました。隣のクラスの先生に届け「ありがとう」と言ってもらったときの笑顔はとても誇らしげでした。

そして、紅茶を配るときだけは、手をつながなくても大丈夫になりました。人に届ける大事な紅茶が、気持ちをしっかり支えてくれるのです。

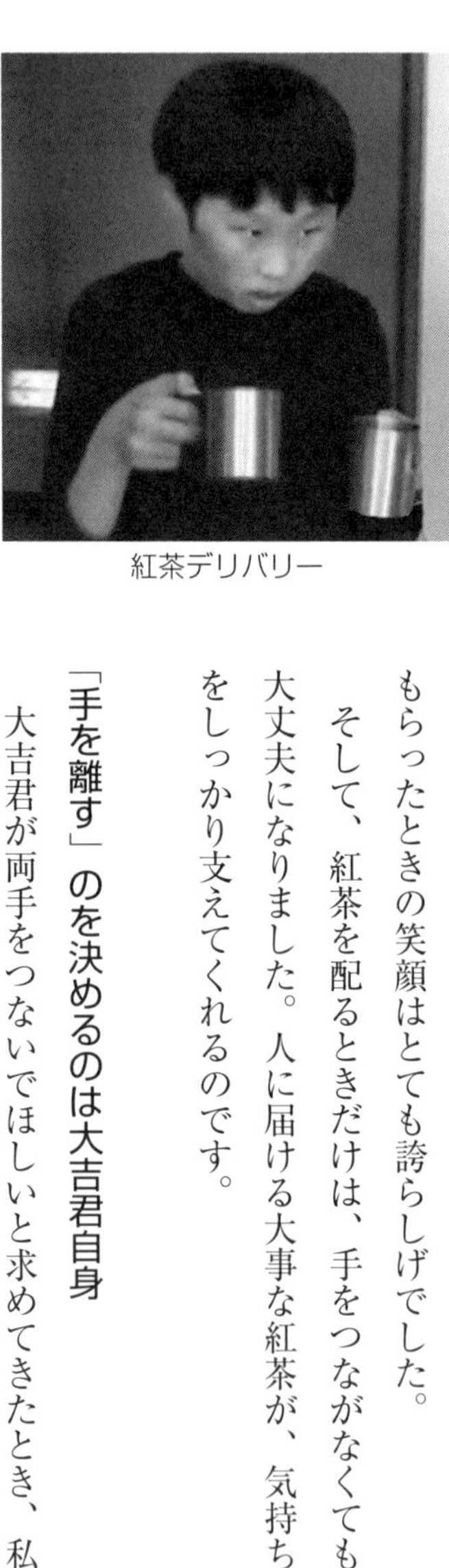
紅茶デリバリー

「手を離す」のを決めるのは大吉君自身

大吉君が両手をつないでほしいと求めてきたとき、私

給食のとき待ってくれる大吉君

はいつでも応じてつないであげました。少しの間待たせるとか、片手ずつ離していくようなかかわりは一切しませんでした。また、いつまでに手を離すなどと期限を決めることもしませんでした。なぜなら、手を離すのを決めるのは私たちではなく、大吉君自身だからです。

彼のホントのねがいは自分から手を離すことだと信じ、その日が一日も早く来るように自信と安心を高めたい。いつもそう思っていました。

すると、紅茶のデリバリーを始めたのと同じ頃、給食のときにも変化がみられました。食べるときにも両手をつないでいた大吉君が、先に食べ終わると、両手を離すようになったのです。まるで（先生が食べてる間だけなら、手をつながないで待ってるよ）と言っているかのようでした。

大吉君は食べてる私をじっと見つめながら、手にコップを持って待っています。コップに入れた飲み物は、普段は絶対に残さないのに、このときだけは薬を飲んだ後の水を少しだけ残しているのです。

（そうか、手をつなぐ代わりにコップを持つことで自傷を防いでいるんだ）

飲み干してコップを離してしまったら自傷をしてしまう、そんな自分をわかっているのでしょう。必死にコップを持ち続け、私が食べ終わるのを待ちます。

そして、不安になると私の顔を見つめながら「うわ～」と泣き声をあげます。（不安でたまらないよ。支えてよ）という心の叫びに聞こえます。私は（不安だよね。でも大丈夫）と気持ちを込めて、言葉のやりとり遊びで支えます。その気持ちが通じるのか、一生懸命笑顔をつくる大吉君。しかし、すぐまた不安になり泣き顔に。やりとり遊びに笑顔。また不安になり泣き顔…。それを繰り返しながら待ち続けるのです。私からは「手を離して」と一切言っていません。手を離すと自分で決め、不安と闘いながら自分を支える大吉君の姿は、ねがいによって子どもは変わると教えてくれています。

「子どもを変える」のではなく「子どもが変わる」のです。

第2章　不登校児と出会う

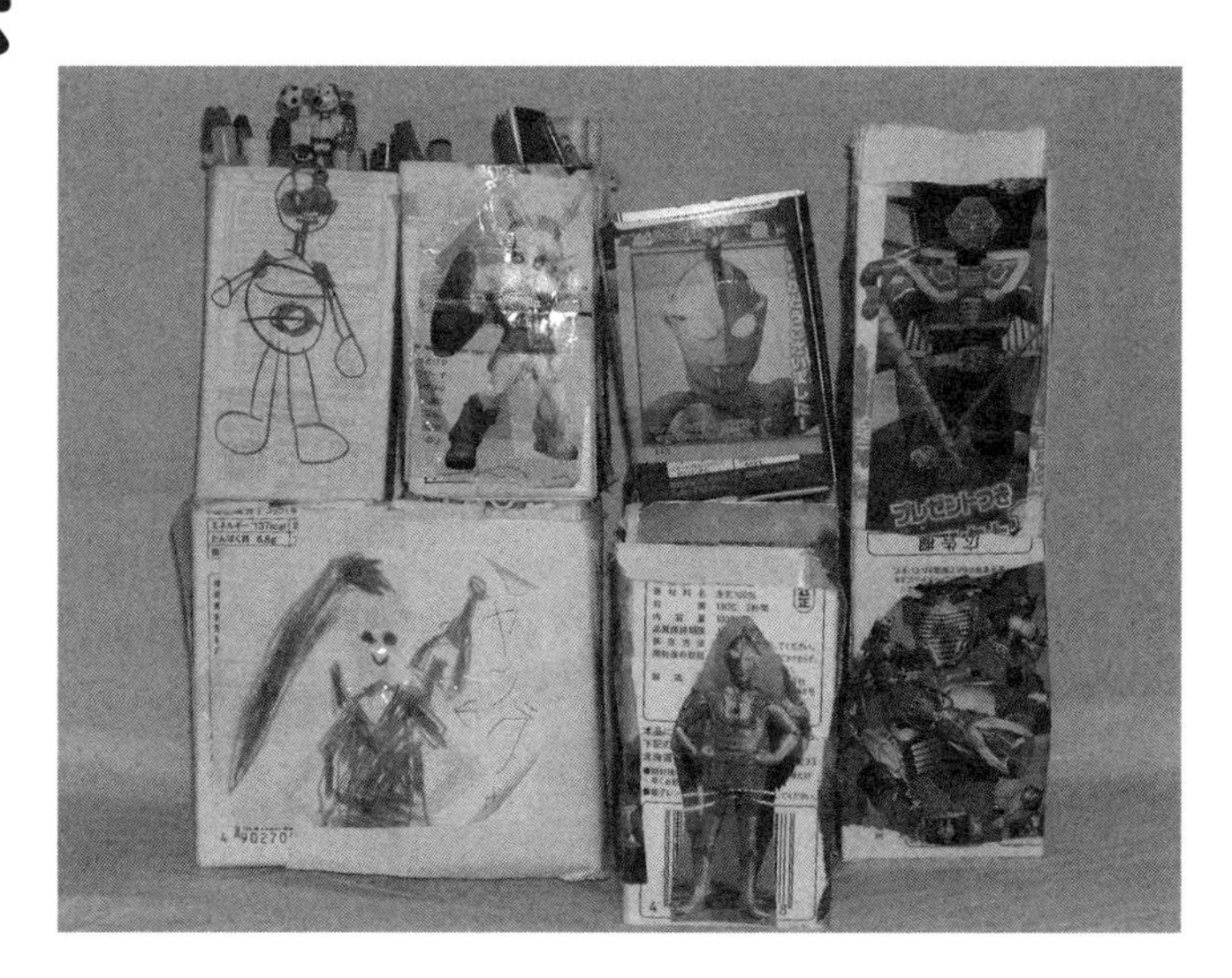

第1節　学校が「イヤ」だから行かない？

不登校の始まり

私の担当学年の2年下に気になる子がいました。満太郎君（知的障害、中1）です。彼は、中学1年の2学期、朝のスクールバスを待っているとき、突然「いやだ！」と叫び家に走り帰りました。そして、この日から不登校の日々が始まりました。

ゲームやアニメが大好き。好奇心旺盛で、小学部のときは、姿が見えないと誰もいない教室に入り込み、ブロックやおもちゃで一人遊びに熱中していることもありました。

不登校になってからは家で布団をかぶりひたすらテレビゲームに明け暮れる日が続き、母親も困り感を募らせていきました。担任は満太郎君が好きなキャラクターを使った教材を手作りして家庭訪問をおこない、登校を促しましたが、本人は頑として学校には来ませんでした。

先が見えないなか、2年生に進級する際、私は「担任させてください」と自ら手を挙げました。自信があったわけではありません。不登校児とかかわったこともなく、むしろ、どうなるかまったくわからない気持ちが強かったです。それでも手を挙げたのは、以前は楽しそうに登校していた満太郎君が今どんな思いでいるのか、かかわってみたくなったからです。そう思えたのは、峻君や宗ちゃんから「問題行動と見られてしまう姿のなかにこそ、ホントのねがいがある」ことを教えてもらったからかもしれません。

とりあえず興味のあるもので誘ってみよう

始業式。満太郎君との出会いの日です。

（果たして、学校に来てくれるのか？）そんな期待と不安の入り交じった気持ちで待っていた私の耳に「佐藤先生！　満太郎君来た！　でも今、玄関から逃げていった！」という同僚の声が聞こえてきました。

私はすぐに追いかけました。すると、校門からほど近い交差点の手前で座っている満太郎君とママの姿がありました。登校を渋る満太郎君をなんとかタクシーに乗せてきてくれたのですが、校門の前から猛スピードで逃げ出したのです。母に付き添われ、座っている満太郎君の表情は硬く、強い警戒心を感じました。

私は、そんな満太郎君の前で黙って手品をやり始めてみました。空の手から次々に現れる赤いボールを見てニッコリと表情がゆるみました。

続いて、あらかじめ考えておいた活動への誘いです。今日は学年みんなで近くの公園に行く予定だったので、合流できたらいいなと思い、宝探しならぬ「ウルトラマン探し」を準備しました。前日にウルトラマンの指人形を公園の植え込みに埋め、その場所を示す地図を作ってきました。

満太郎君と「たからのちず」でウルトラマン探し

手品の後、ポケットからウルトラマンの指人形が登場すると、身を乗り出して見始めました。ウルトラマンが悪者に埋められてしまう私の一人芝居に興味津々です。居場所を示す地図を私から奪い取ると熱心に見入っています。ここまでは順調でした。しかし、「じゃあ、一緒に探しに行こうか」と誘うと「ちがう！」と拒否。今まで喜んで見ていた地図も人形も返してきます。（なにかやらせようとしている）というこちらの下心を敏感に感じ取ったのでしょう。

ママから離れるのは難しいかなと思いましたが、満太郎君がコンビニの方へスタスタと歩き出した隙に「お母さん、大丈夫ですから。後は任せてお帰りください」と帰ってもらいました。気づいた満太郎君が「ママー」と振り返りましたが、「あっちじゃない？」と反対方向へ誘導。しばらく歩いてママの姿がないとあきらめたのか、気持ちは一気にウルトラマン探しに傾きました。地図を握りしめ、ずんずん歩いていきます。私の言うことなど聞きません。好きな方へ進み、公園を見つけるたびに「ここじゃない、次」「ここでもない、次」といくつもの公園をはしごしていきます。果たして辿り着けるのかと思っていたら、１時間以上かけて、みんながいる目的の公園を見つけ、ウルトラマンを掘り出して満面の笑顔でした。ただ、友だちとかかわることは一切ありませんでした。

「目に見える結果」より「子どもの心に残るもの」が大事

満足して「お家帰ろうね」という満太郎君に「スクールバスで帰ろうか」と誘ってみると「タクシー」との返事。

「お金無いから」と言うと「お母さん、お迎え」。

「電話して大丈夫ならお母さんのお迎えね。駄目なら先生も一緒に乗るからスクールバスで帰ろうか」

「うん」

ママに電話し、わざとお迎えはできないというやりとりを聞かせた上で、あらためて「お迎え来られないって。じゃあ、スクールバスで帰ろうか」と言うと「うん」と返事をしたのですが…。

いざ、学校に戻ってみると、門から飛び出し走って逃げだしました。（乗りたくない）と全身で表現しています。

追いかけて「わかったから。一緒に電車で帰るから。スクールバスの運転手さんに乗りませんって言ってこよう」と何度か誘うと、戻り始めました。ところが、運転手さんには何も言わず、そのまま黙って乗りこむと席に座ってじっとしているのです。

このままだとバスは動き出し、乗って帰ることになるでしょう。もし、ここで「スクールバスで帰れた」という結果のみを求めて帰してしまったら、これから先ずっと満太郎君に信用してもらえなくなると思いました。本人は納得していませんし、なにより約束とちがう結果になってしまいます。彼にしてみたら騙されたも同然です。

「○○ができた」という事実が必ずしもよい結果だとは限りません。ときに、子どものねがいとはズレた大人の自己満足に終わることもあります。

「目に見える結果」に惑わされず、「子どもの心に残るもの」を大切にしなければなりません。

私は、「満太郎君、乗りませんって言うんでしょ」と声をかけました。すると、すぐに立ち上がり、運転手さんに「乗りません」としっかりと言ってバスを降りました。晴れ晴れとした表情の満太郎君と家までのんびり歩き、初日の幕がおりました。

自転車で向かった先は…学校ではなく浅草

とにかくかかわらないことには始まらないと思い、私は毎朝、満太郎君の自宅に行くことにしました。

「学校へは何で行くの?」と声をかけるママ。行くことを前提にした言葉に「学校に行ってほしい」ねがいが伝わってきます。しかし、満太郎君は「行かない」ときっぱり答えます。

私は、彼が好きなキャラクターのシールを用意して誘ってみました。「う〜、う〜」と葛藤が始まります。じっと待っていたら、「タクシー」。（お〜。折り合いをつけた。すごい）とは思いましたが、タクシーが当たり前になってしまったら経済的に大変です。そこで、「お金ないから、タクシーは無理だけど、電車は?　バスは?」と誘ってみたら「自転車!」。

「危ないから」とママは止めますが、満太郎君はもうその気で鍵をもってきます。こうなりゃ、行くしかありません。彼は自転車、私は自前のキックボードで出発です。

しかし、家を出た満太郎君は、学校とは反対方向に走り出しました。ここで止めることはできます、でも、それでは心の中がみえません。（どこに行こうと思ってるんだろう?）それを知りたくて、黙って後をついていこうと腹をくくりました。ただ、とても黙ってついていくわけにはいかないのです。なにしろ満太郎君は、片側2車線道路のど真ん中を全速力でとばすのですから。信号はわかっていて大きな交差点では止まりますが、小さな道では信号無視して突っ込んでいきます。もう危ないったらありゃしません。「満太郎君、端よって!　満太郎君、信号、赤だよ!　満太郎君、止まって!…」と、私は叫び続けながら後を追いました。本人はちっとも言うことを聞いてくれないので、周りの人に避けてもらおうと思ってのことでした。

そして、30分ほど走って到着したのは、浅草雷門でした。自転車を乗り捨てると仲見世をずんずん進んでいきます。興味のあるお店に次々入っていく満太郎君を見失わないよう必死に後を追いかけました。おもちゃ屋さんの店先で、ビニールプールにおもちゃを沈めて店主からにらまれたり、露天商が売っていた8万円近い水晶玉をいきなり鷲掴みにして持ち上げて怒鳴られたり、ドキドキの連続でした。

学校に行かないことを肯定する

1時間ほど練り歩くと満足したのか、自転車にまたがり浅草をあとにしました。正直、（このまま家に帰るのかな）と思ったのですが、なんと満太郎君は学校に向かったのです。30分自転車を走らせて着いた学校。しかし、クラスには入れず、給食も食べません。けっして来たくて来たわけではない胸の内が伝わってきます。（黙って浅草に付き合ってくれたから、イヤだけど学校に行くよ）と心の声が聞こえるようでした。

満太郎君にとっての学校は「行かねばならない場」なのだと痛感します。だとしたら、今の自分をどう感じているのでしょう。「イヤだから行かない」とみえる姿のなかに、「わかっていても行けない」と苦しんでいる満太郎君がいることに気づかされました。

ちょうどこの頃、小学校に入学したばかりのわが家の娘が不登校になりました。出かけはするものの、正門の前でピタッと足が止まると、凍りついた表情で涙がポロポロ溢れてくるのです。（行かなきゃ。ちゃんとやらなきゃ）と思えば思うほど、足は動かなくなり、そんな自分をダメな自分と感じているのが伝わってきます。

だからこそ、娘にも満太郎君にも「学校に行けたら○、行けなかったら×」という評価はしないと決めました。行けずに苦しんでいる胸の内を、ありのままに受け止め、学校に行かないことをよしとしよう。本気で認めよう。そう思えたとき、ようやく満太郎君とのかかわりのはじめの一歩が踏み出せたように思います。

言うまでもなく学校は満太郎君にとって義務ではなく権利です。学校に行く・行かないを決めるのは子ども自身。私がやるべきことは満太郎君にとって学校を行く価値があると思える場にすることだと思い定めました。

第２節　心に残る経験から育つ、信頼できる力

思いを汲めず、傷つける

毎朝、満太郎君の家に行っても、玄関を開けるなり、取りつく島もなく「ヤダ！」と言われ、そのまま戸を閉める日もありました。やりとりの余地があると感じれば、あの手この手で誘います。その気になれば自転車で出発。行き先は…学校ではなく浅草です。しかし、浅草の

後は決まって学校に行くのです。なんとも健気な満太郎君です。

そんな彼の思いを汲めず、傷つけてしまうできごとがありました。5月の連休明けのことです。朝から降り続く雨を理由に、私は（自転車以外の方法で出かけられないか）と考えながら玄関の戸を開けました。

「雨だから自転車乗れないね。今日は路線バスで行こうか」と誘ってみたのです。満太郎君は険しい表情で葛藤し始めました。そして、一旦は家を出たものの引き返すと、玄関先の植木鉢を力いっぱい叩きつけて割ってしまいました。さらに、止めようとした私の顔に右ストレートが炸裂！

「無理には連れて行かないよ。行きたくなかったら、そう言っていいんだよ」とゆっくりと言って聞かせましたが、自分がやってしまったことを悔み、消え入りそうな姿でうなだれています。考えてみれば、連休明けで久しぶりの平日。自転車で出かけるのを心待ちにしていたかもしれません。（うまくいけばバスに乗せられるかも）という自分の思いだけを先走りさせ、彼の思いを汲もうとしなかった私の失敗です。叩かせてしまった責任を痛感し、「無理言ってごめんね」と謝りました。

怪我の功名から生まれた「合体お絵かき」

「今日は家でゆっくり過ごそう」と、満太郎君のリクエストに応えて絵を描くことにしました。これが大変な盛り上がりをみせました。

2つのキャラクターを「合体」させたのです。たとえば、「ドラグーンと仮面ライダーアギトが合体」と言えば、二つの特徴を混ぜて描き、名前も「仮面ライダードラギトーン」などと合体させます。満太郎君はお腹を抱えて笑いころげます。唯一無二のキャラクターの誕生はこの上なく魅力的なようです。この日、私は4時間にわたって描き続けました。

最悪の朝で始まった一日でしたが、「合体お絵かき」という二人の共有する世界が生まれました。怪我の功名です。翌日、彼はA4サイズの紙をわざわざ自分好みのB5サイズに切り揃えて待ち構えていました。ママが「夜中の3時まで100枚以上切ってましたよ」と半ばあきれ顔で教えてくれました。

「納得」を生み出す

5月中旬のある朝、まだパジャマ姿の満太郎君は、学校はイヤだけど「合体お絵かき」はしてほしくて、葛藤の真っ最中でした。「ここ」と床を指さします。（家で描いてほしいのか）と思い「ここで2枚描いたら着替えようか」と誘います。満太郎君はじっと考え「9枚」。（おっ、のってきた。あとは枚数を決めるだけ）と思い、「じゃ、3枚」と私。「5枚」と言うので「2枚」。「7枚」に「4枚」。「30枚」には「1枚」…。

私は5枚以上は絶対に言いません。競りのようなやりとりが続き、とうとう「4枚」で交渉成立です。

「じゃ、4枚描いたら着替えようね」「うん」と一旦は納得したものの、3枚目の後「もう1枚ね」とあらかじめ声をかけると「5枚…」とつぶやくのが聞こえました。

私は、(ははぁ、約束の4枚じゃ終わらないな。では「もう1枚」を何回で折り合いをつけられるかな）とこの時点で心の準備をしました。4枚目が終わると案の定「もう1枚」と要求します。そばで見ていたママが「約束したんだから着替えたら」と言いますが、私が「じゃあ、もう1枚ね」と一旦受け入れると、その瞬間パッと着替えて出かける準備をしました。

納得するまでが大事。納得さえすれば黙っていても自分からやるのです。

「お仕事ノート」誕生

ママからこんな相談を受けました。満太郎君は、「ママ、買い物」と無理矢理ママを家から追い出すと、その隙に近くのおもちゃ屋でほしい物をレジに持っていってしまうそうです。気づいて駆けつけたときには、もう買わざるを得ないといいます。そこで、なにか手伝いをしたら10円あげること、買い物はそのお金で自分でさせること、足りないときはこっそり足してほしいことをママに提案しました。

学校でも一日の終わりにがんばったことを書き出し、一つひとつに「合体お絵かき」をして10円（ママから預かったお金）を渡すことにすると、これがものの見事にはまりました。このノートを「お仕事ノート」と名付けました。

役立つ自分、価値ある自分

浅草めぐりの後、登校しても集団には入らず給食も食べない満太郎君。たとえ食堂に入っても、牛乳だけ一気飲みすると瓶を床に叩きつけ飛び出してしまうこともありました。

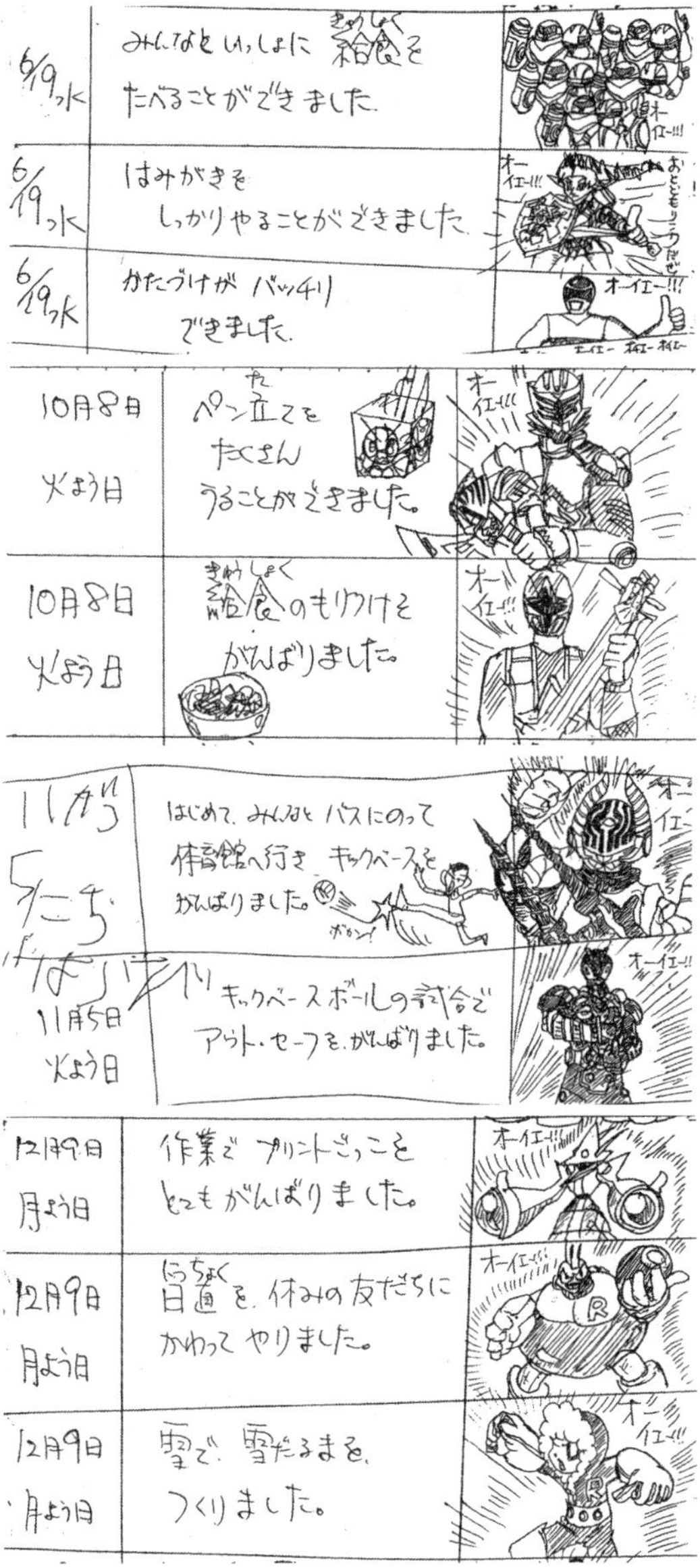

お仕事ノート

お腹すいちゃうなと思い「そうだ。校庭でバーベキューをしよう」と思いつき、早速実践しました。すると、火吹き竹を使った炭火おこしに夢中になり、自分で焼き上げた肉を「おいしいね」ともりもり食べるのです。

そんなある日、2階の高等部の教室から紙切れが落ちてきました。開くとそこには「やきとり3本」の文字が！

「満太郎君！　高校生から注文が来たよ！」、満太郎君は大喜びです。日頃から子どもの話をしあっている先輩教師からのサプライズ注文でした。なんの打ち合わせもしていないのに、なんという絶妙な働きかけでしょう。

満太郎君は注文の品には決して手をつけず、昼休みに取りに来た高校生に、ていねいに渡して満面の笑み。

自分のための焼き鳥より高校生のために焼く焼き鳥の方がはるかに価値があるんだ。そう実感しました。

それからは、校内の先生方からシュレッダー等の仕事を依頼してもらったり、各教室に自作のペン立てを配ったり、人とつながる活動を用意しました。「ありがとう」「またお願いね」と言われ、誇らしげな笑顔がこぼれます。

「お仕事ノート」は定着しても、おもちゃを買うためだけの仕事では長くは続かなかったでしょう。「役立つ自分」「価値ある自分」を味わう達成感はずっと心に残ります。活動の先にある、人の笑顔を感じることが働く力の源になるのですね。

５月の終わり、玄関を開けると、「ヤダ」ではなく、初めて「せんせい！」と言う声で迎えてくれました。家では勝手に買い物をすることがなくなり、一人でおもちゃ屋に行ってもママが来るのを待ち、自分の貯金箱からお金を払うようになっていました。

浅草めぐりを受け止めきる

満太郎君の浅草めぐりは続き、仲見世ではすっかり有名人になっていました。浅草に黙って付き合う私の姿勢は、「生徒の言うことを聞いてばかりいたら、わがまま放題になる」と批判もされました。満太郎君が単に「学校はイヤだから浅草で遊びたい」というだけの気持ちだったら、その通りかもしれません。しかし、私は彼のホントのねがいは「浅草ではなく学校にいく自分」と信じていました。浅草めぐりを受け止めきれたら、必ず自分から学校へ行くにちがいない。何年かかってもいい、ホントのねがいを実現できる日が一日も早く訪れることを願い、浅草に向かう彼を止めずに付き合いました。

ねがいはあっても実現できず葛藤しているのであれば、いくらでも支えてあげればいい。それを「甘やかしている」というのであれば、ねがいを信じ、存分に甘やかしてあげればいい。いや、「甘えさせてあげる」のです。子どもにとって、「甘えられる」ことは「人を信頼できる」大切な力です。甘えられ心が満たされたら、ホントのねがいを実現しようと自ら葛藤に立ち向かっていきます。

支えてくれた同僚たち

浅草に行くようになってから2ヵ月、満太郎君に「今日は先生がリーダーでやる授業があるから、浅草ではなく直接学校へ行ってもらえないか」と相談してみました。（行かせようという下心はもたず、イヤならお休みでいい）と心に決めていました。すると、葛藤しながらも、私のために直接学校に行ってくれたのです。「助かった。ありがとう」と心から伝えました。

（そろそろ本人も浅草めぐりに踏ん切りをつけたいのかもしれない）

そうだとしたら、ここは支えどころだと思いました。

そこで翌朝も同様に誘ってみると「やだ～」とは言うものの以前のような険しさはありません。「授業しないとクビになっちゃうからお願いします」と頼むと「は～い」と穏やかに学校に向かったのです。

そして、次の日からは、黙っていてもまっすぐ学校へ行くようになりました。もし、また浅草に行くのなら私は無条件で付き合おうと決めていました。しかし、二度と行くことはありませんでした。それこそがホントのねがいだからでしょう。

浅草めぐりは同僚も支えてくれていました。「佐藤さん、思う通りにやっていいよ。学校の方は満太郎君が入りやすい雰囲気にしておくからね」と声をかけてくれ、管理職から自転車通学にクレームが出たときも「佐藤先生を信じてあげてください」と涙ながらに訴えてくれました。場はちがっても一緒に指導していると思えたからこそできたかかわりです。

自分の居場所と思える

「満太郎に中学生活はないものとあきらめていました」

出会った頃の絵

中2の頃に描いた「アトムの朝の会」

これは、中学部卒業のときママからいただいた手紙の一文です。そんな満太郎君が中学3年のときは皆勤賞。しかし、学校に来られるようになったからいいのではありません。肝心なのは、満太郎君の心に残るもの。

中3の運動会では、開会式で指揮棒を振るい、文化祭の劇では、好きなヒーローになりきり、友だちを守るために悪者と闘いました。ある日の給食では、誰よりも先に身支度をして全員分の配膳をしてくれ、もうお仕事ノートの10円は必要なくなっていました。

私が描く絵を楽しみにし、自分でもたくさんの絵を描き上達した満太郎君。出会った頃のキャラクターを並べた絵にどんどん動きが加わり、卒業前には朝の会の場面が描かれることもありました。学校に行く価値を見出し、自分の居場所と思えるようになってくれたのならうれしいです。

第3節 「行かない選択」は「行く選択」と同じ値打ち

不登校になり〝今〟を失う

わが家には子どもが5人いますが、3人（1番目、4番目、5番目）が小学1年の頃から中学にかけて不登校でした。

長女のなつみは、小学校に入学し、１週間で行けなくなりました。ちょうど満太郎君を担任したのと同じ時期です。「運動会のダンスだけはやる」と言うので、当日、学校の近くの公園で出番を待ちました。その間ずっと、「こうやって踊るんだよ」と放課後に教えてもらったダンスを何度も繰り返したのは、本人なりの精一杯の心の準備だったのでしょう。いよいよ時間になり、娘はカミさんと一緒に入場門に向かい、私は校庭でカメラを手に待ち構えていたのですが…。入場してくる子どもたちの中に娘の姿はありませんでした。あんなに一生懸命練習して、一人でリハーサルを繰り返して、結局出られぬまま戻ってきたときの、固く閉ざされた表情は忘れられません。どんなに自分自身に落胆してしまったことか。

不登校が続く娘に、「学校に行った・行かない」で評価はしないと決めていましたが、本人はとてもそうは思えないのでしょう。この時期は、日中に車で出かけると、どんなに暑くても毛布で全身を覆い隠していました。学校のある時間は誰にも姿を見られたくない、そんな気持ちだったのではないかと思います。自分はここにいてはいけない存在…不登校になったことで、自分の居場所、すなわち〝今〟を失います。

「がんばれ」ではなく「がんばってるね」

不登校になり自分をダメだと感じている子は、家にいても心が休まるわけではありません。当事者の会で出会った子は、「高速道路で、ピッタリくっついたトラックに猛スピードで追われ続けているようだ」と表現しました。

不登校を克服したとき、「ゆっくりしたい」という子は少なくないといいます。「家でずっとゆっくりしていただろう」というのは大きな誤解です。たとえ体は動かしていなくても、心はすり減らし続けているのです。

私が出会った自閉症や不登校児たちは、「がんばれ」と言われたら「自分はがんばれていないのか」と自己を責め、「これ以上とてもがんばれない」と絶望してしまう子たちでした。そんな子たちには、目には見えにくいがんばりに共感し、「がんばれ」ではなく「がんばってるね」と声をかけてくれる人が必要なのです。

とはいえ、表面上の言葉の問題ではありません。ときには、自分のつらさをわかってくれていると思える人からの「がんばれ」だからこそ力をもらえることもあります。どう寄り添えばいいのか、答えは子どもの中にしかありません。

ありのままの自分を認めてくれる人

自分自身の存在を消し去りたいと思い続ける日々は、出口のない暗闇の中にいるようなものでしょう。

そんな娘がスクールカウンセラーとの出会いにより、暗闇に光を得ました。

「誘われてもやりたがらないのは、意欲がないわけではない。完璧にやらねばという思いの私は、この本を見た時一番さきに目に飛びこんで来たのは「100mを10秒で走れと言われてもさい、くら努力しても走れないやつっているじゃん」と言う言葉です。これを見た時「自分じゃん！」って思ったからよみました。一章目から「あっ」「分かる！その気持ちさみしいんだよねっ」とか読みながら心で本の文章と会話してました。私は保健室登校だったし、一時は不登校だったし、友だちにすごいぼう力をふるう男の子がいて、なぜか私には優しくしてくれたりしてました。だからぼう力的な子は、実は優しいのにうまく言えない。体で表せられない子。だと思います。それから自分が帰って来ると家にだれもいない。これってすごくかなしくて、さみしいんです。このことが原因で「ストレス」がたまる。でも親には言えない。とすると、学校しかない、それでぼう力的な子になっちゃうのでは、と思います。私は、ぼう力的になるじゃなくてだれにも自分の気持ちがうまく

長女なつみが書いた『輝ける子』の感想文

強さゆえ、絶対できる自信がないと一歩踏み出せないから。適当にやればいいやと思える方がはるかに楽なのに」

「常に相手の求める答えを読み、意にそぐわなくても応じてしまう。その連続に疲れ果て、応じられないときはフリーズしてしまう」

このようにカウンセラーの先生は娘の内面を「理解」し、ありのまま「承認」してくれました。

不登校の自分をありのまま認めてくれる人や自分の気持ちの代弁者との出会いは、自分は自分で大丈夫という安心感につながり、失われていた〝今〟を少しずつ取り戻し始めます。

成長した娘が高校生のとき、不登校になっていた妹（小４）に付き添って小学校に連れて行ったことがあります。４時間目の授業だけという約束でしたが、思いのほか授業にのれていた

妹の姿に、先生が「給食を食べていかない？」と声をかけたそうです。先生の意図を察し、フリーズした妹。そのとき、姉のなつみが「4時間目だけという約束で来たんですから、誘わないでください。このまま帰ります」と連れ帰ってきました。妹の気持ちをわが身に重ね、代弁してくれたのでしょう。わが家では「よく言った」と大絶賛です。

ちなみに、その先生は小学生のときのなつみを知っており、「なっちゃんに言われて反省したわ～。成長したね」と電話をくれました。

「行けない」から「行かない」へ

近くの公立中学に入学した娘なつみは、「わたし、学校は行かないことにする」と言えるようになりました。その上で、「今日は5分だけ行く。みんなと会わないよう入口を変える。勉強はしたいからプリントは引き出しにいれてもらう」等、自分なりに学校との付き合い方を考えるようになったのです。

「行けない自分」を責めることから「行かない自分」を選ぶことで、〝今〟を取り戻し、〝未来〟に目が向き始めます。

中学2年のとき、「ここなら行ける。転校したい」と不登校専門の私立中学校を自分でみつけました。編入試験を受け、片道2時間かけて通いましたが「いい先生もいるけど、不登校専門と謳っておきながら、生徒の気持ちがわからない先生もいる」ことを痛感したそうです。

「学校」というものに見切りをつけ、不登校になった自分に納得できたようです。一方で、めざすゴールは同じでも、辿り着く道は何通りもあると思えるようになったといいます。

自分の道は自分で決める

なつみは当時、臨床心理士になりたい夢もあり、高校進学を考えました。普通校、定時制、通信制、サポート校等、参加した説明会は10ヵ所を超えます。

ある高校で、通信制ながら登校も可能で「週5日型」「週2日型」「自習型」と多様な受け入れができるのがメリットと説明を受けました。帰り道、「今日の学校どうだった?」と聞くと、こんな言葉が返ってきました。

「今日の高校には絶対に行かないよ。だって、説明していた先生は5日型、2日型、自習型を、横並びじゃなくて縦にみていたよ。一番いいのは5日、無理なら2日、それもダメなら自習型っていう感じ。あんな感覚の人に進路指導されたらたまらないから絶対行かない」

この言葉に、わが娘ながら(この先どんな道を選ぶんだろう)と楽しみになりました。結局、ここなら大丈夫と思える不登校に特化した通信制高校に入学。片道3時間以上かかるスクーリングにも一人で通ったのは、自分で決めた進路なればこそでしょう。

娘は今は社会人となり、家を出て生活しています。不登校のために味わった苦しみはたくさんあったと思いますが、学校に行かない生活があったからこそ、自分の生き方と向き合い、幾多の自己選択、自己決定を経て「自分の人生を生きている」と感じます。

「聴く」ことの重み

不登校の学習会での当事者の話です。中1のとき不登校になった二十歳過ぎの青年は「自分の居場所」を「ありのままの自分でいられ、思いを吐き出せる場」と表現しました。参加者から「ありのままを出せるのはどんな人?」と問われるとじっと考え、「話を聴いてくれる人」とぽつりと答えました。「今まで何人いましたか?」には「一人だけ」と即答でした。

「彼の話を聞いてあげた」と思っている大人は何人もいるかもしれません。しかし、彼が本当に聴いてくれたと思えたのはカウンセラーただ一人だったのです。たった一人。でも、その一人がいることで救われます。聴くことの難しさと重みを痛感します。

その方の誘いで「不登校をサポートする会」に参加し、出会った人すべてが自分の居場所だと思えるようになったそうです。今は、日本中に自分の居場所があると思え、自己肯定感に満たされていると語りました。

「聴いてもらう」ことが必要な親御さんだっているでしょう。わが子が不登校になると、大抵の親は焦り、何とか登校してほしいと目に見える結果を求めがちです。周囲の目が気になることもあります。やがて、どうしても学校に行けない子どもの姿に、育て方が悪かったのかと自分を責めることだってあります。そうした親の気持ちを子どもは敏感に察し、原因になっている自分の存在そのものを消したくなる、負のスパイラルを生み出すこともあります。

なす術もなく思い悩む親にとって、ただ黙って聴いてくれる人、「わかる。でも、大丈夫。自分も子どもも責めないで」と寄り添ってくれる人がいたら、どれほど救われるでしょう。そして、目の前の子どもをありのままに認めることができたら、子どもの心もはるかに軽くなるはずです。

無駄と思った〝過去〟に価値を見出す

わが家の三男の不登校は、幼稚園から中学3年まで続きました。中学卒業の直前、「このままではダメになる。今しかない」と急に高校に行くと言い出し、不登校児を多く受け入れている通信制高校に入学しました。少人数でアットホーム、そして子どもの言葉を借りれば「頭のネジがはずれた先生たち」のおかげで毎日登校し馴染んでいきました。

高2のとき、入学希望者向けの学校説明会で「先輩トーク」という自分の体験を話す機会を得ました。息子はそのときのことを後日の座談会で次のように振り返りました。

「小中の9年間は無駄な時間を過ごしたと思っていた。もし、学校に行けていたら普通の人生が送れていたかもって。でも、説明会で自分の経験を話したとき、見学に来ていたお母さんから『すごくホッとした。9年学校に行ってなくても、こんなに明るくなれるんだったら、うちの子も大丈夫って思えた』と泣きながら言ってもらった。そのとき、無駄と思っていた9年間を活かして、こういう学校の先生になるのもいいかなと思った。僕も行ってなかったから、君たちも大丈夫だよって、自分の姿を通して伝える道もあるかなと今は思える」

不登校からの卒業

不登校からの卒業は、学校に来るようになることとは思っていません。学校以外に居場所を見出すこともあるでしょうし、家で過ごすことも選択肢のひとつです。

しかし、今の自分を認め、未来に目を向けられるようになっても、不登校になった自分を、ダメな自分として切り離していては、ときに苦しくなることがあるかもしれません。不登校の自分をひっくるめての自己肯定感をもってほしい。そして〝過去〟と〝今〟とがつながることで、不登校を真に卒業してほしいと思うのです。

ありのままを認め、ねがいを信じ、支えどころを大切にしながら待ちたい、そう思います。いつからでもやり直せるのですから。

「学校は行かなくても大丈夫。行かない生き方もある。学校に行かないという自己選択は行くという自己選択と同じ値打ち」

私が心からそう言えるようになったのは、満太郎君やわが家の子どもたち、そして、学習会などで出会った当事者たちのおかげです。

これだけはやめて！

1.「どうして？なんで？」としつこく聞かない。

2.「そんなことで…」とかるく言わない。

3.「まわりの子にはできてるのにどうしてあなたにはできないの。」と周りと比べない。
自分を責めてしまいます。

4.「すねてるだけじゃないの。」よけい追いつめてしまうので絶体禁句。

5.「はぁ…」ため息は無言の責め。「やっぱり迷わく…」とこれも責めてしまいます。

6. 近所の人に嘘をつかない。「ちょっとカゼで休んでる」等を言ったら「やっぱりダメなこもなんだ。お母さんは嫌なんだ」を感じさせ、責めてしまい、信頼関係がくずれてしまいます。

7.「何する？○○行かない？」好意でやっても「今はそっとしておいてほしい」ときもあるんです。無理に会話させないで。

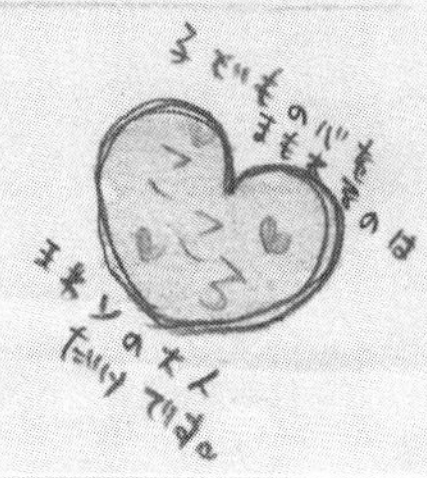

-29-

なつみ（中２）作の「不登校これだけはやめて」

第3章　病弱教育と出会う

第１節　子どもに向き合う覚悟

がんセンターのなかにある学校

知的障害校に勤務して24年、次の異動先は肢体不自由校に決まりました。ところが、面接に行くと「病弱部門で中高生の数学を指導してほしい」と言われました。場所は国立がんセンター小児病棟にある「いるか分教室（以下、いるか）」。小学生から高校生までが小児がんの治療をしながら学ぶ場だといいます。

思ってもみなかった異動先。そして、病弱教育は私にとってまったく知らない世界。とにかく行ってみて、自分のできることを見つけようと新年度を待ちました。

春休み、子どもたちに会う前に、一人ひとりの病状の引継ぎがありました。「一旦治療は終えたが肺に転移が見つかった」「初発のとき片足を切断。再発してもう片方も切断した」「顔に大きな腫瘍があり手術を控えている」…きびしい話が続きました。きびしい状況なら、なおさら楽しい生活を生み出したい。目の前の子どもと少しでも早くわかり合いたい。そう思い病室を回りました。

男子高校生のベッドサイドにトランプを見つけ、「マジック好きなの？　実は俺…マジシャンもやってるんだよ～。名前はボブチャンチン！」とプロがテレビで演じるマジックを見せて

意気投合。一番弟子になった彼は学期末の発表会で病棟スタッフや保護者の前であざやかなカードマジックを披露し拍手喝采を浴びました。

予備校のテキストを進めたいけど解答がなくて困っていた子には、その日のうちに単元すべての解答を作り手渡しました。「できることはその日のうちに」「先延ばしにしない」。病院に行って感じたことです。いつなにが起こるかわからない場。なにより、本来の居場所を離れ不安を抱えている子たちに、少しでも早く応じたかったのです。

患者であることを忘れられる場

がんセンターの小児病棟。ナースステーションを中心に周囲をぐるりと病室やプレイルームが並びます。その一角にいるかの教室はあります。車いすでも、点滴をつけたままでも一人で来ることができ、点滴のアラームが鳴っても看護師さんが来てくれ、病室に戻る必要もありません。「行きたいときに行ける」のは、治療中の子どもたちにとってなによりの環境です。教室は一つだけ。30畳ほどのスペースに子どもが4～5人集まれるテーブルが4台。ここで、小学生から高校生までが学んでいます。

高校1年の秋からいるかで過ごしたつぐみちゃんは、前籍校に戻り「病院内にある学校～病弱教育の実態～」と題したレポートを書きあげました。そのなかで、いるかのことを次のように紹介しています。

「いるかの一日は朝9時頃から始まる。『おはようございまーす』という元気な挨拶と共に小、中、高校生が一斉に登校してくる。当然のことながら点滴をつけている子も少なくはない。…小学校低学年から高校生まで、同じ教室で勉強している『いるか』。部屋の一方で国語の音読をしていれば、数式を解いている子もいる。そのうちに小学部の元気な歌声も聞こえてきたりする。決して学ぶ環境として恵まれてはいないが、そこがまた『いるか』のいいところなのだ。病院の中とは思えないほど賑やかで明るい教室は、自分が患者であることを忘れ、自然に笑みがこぼれる」

そう。いるかにはいつも笑顔と笑い声が溢れているんです。個々に授業をしていても、今日は小学生の○○ちゃんの誕生日ってわかった途端、中高生も授業なんてやってる場合じゃありません。ギターが得意な先生が伴奏を始め、全員でハッピーバースデーの大合唱。私も即興マ

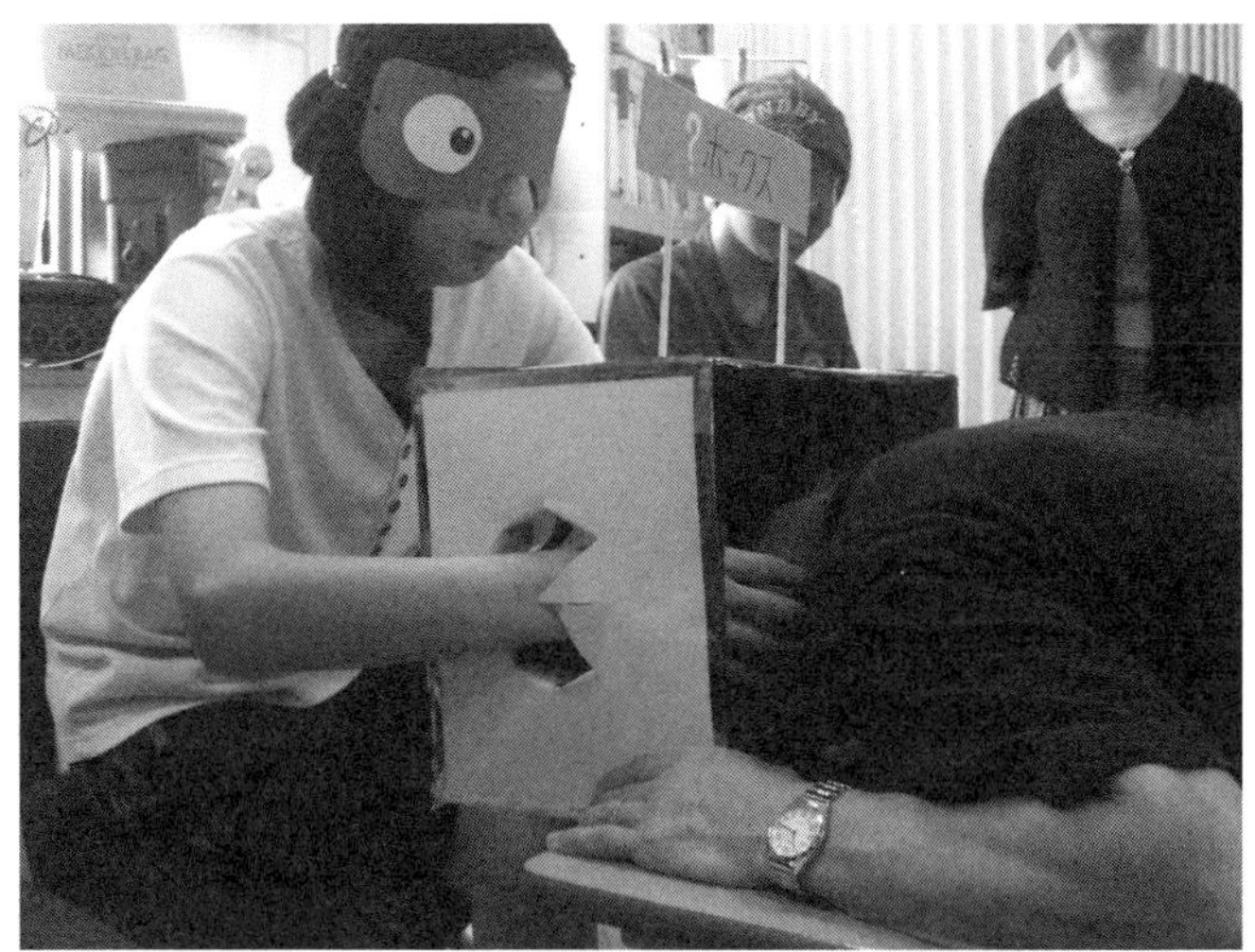

お楽しみ会。みんなでゲーム

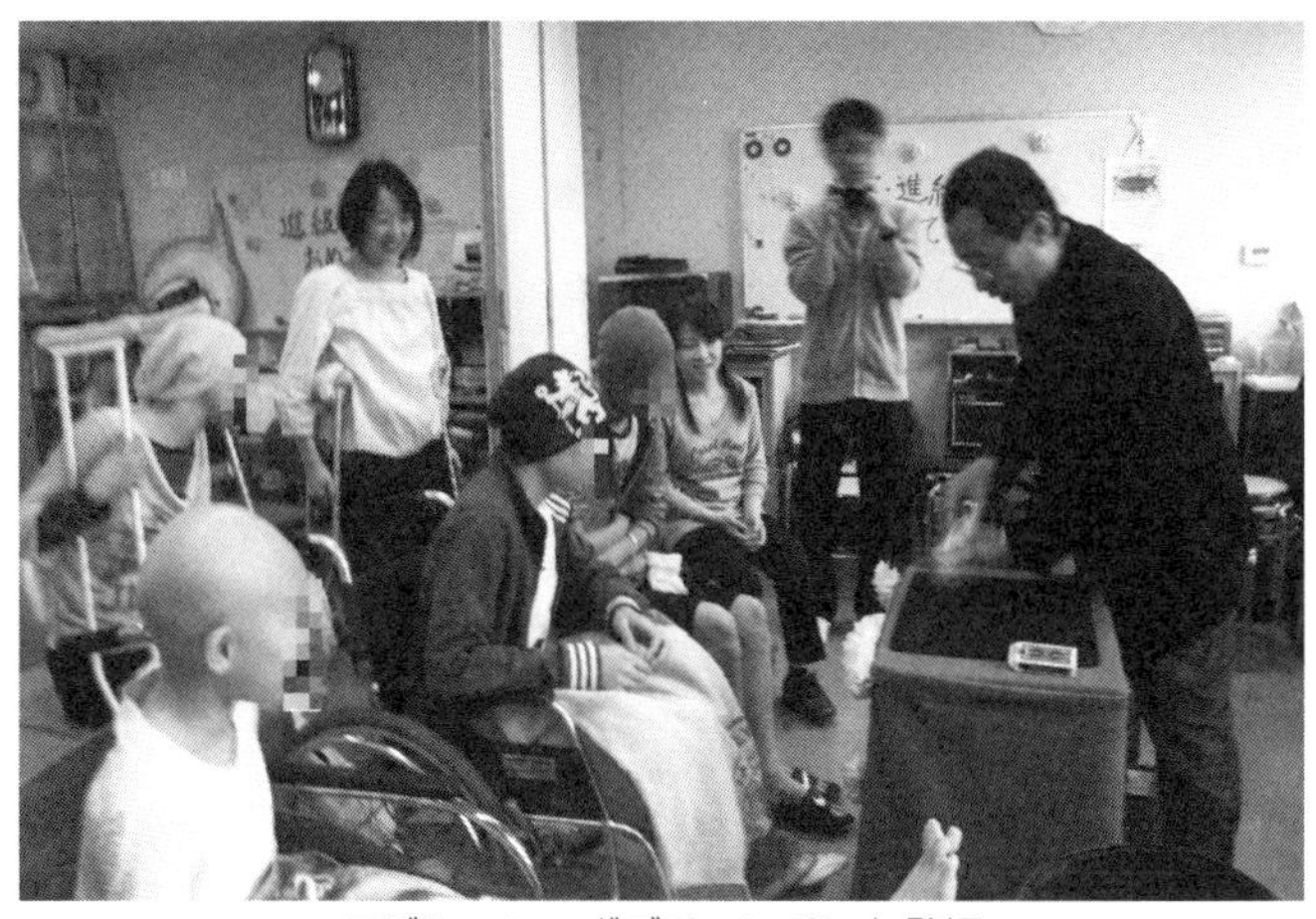

マジシャン・ボブチャンチンも登場

ジックで盛り上げます。そして、また自然に個々の授業に戻っていきます。教科学習は個別の授業が主でしたが、ホームルームは学部も学年もこえて、みんなでカードゲームで盛り上がりました。勝負事には教員も真剣。でも、勝っても楽しい、負けても楽しい。なんでもかんでもみんなで笑いに変えちゃいました。

いるかでの子どもの姿に「あんな笑顔、病室で見たことない。なんか悔しくなっちゃう」という看護師さんの言葉や「つらい治療中でも授業時間になるとパッと着替え、喜々として教室に向かう。友だちと会い、授業を楽しみにすることで、闘病の苦しみを忘れることができるのでしょう」という医師の言葉も、いるかが子どもたちにとってどんなに大切な場なのかを物語っています。

「いるかはみんなが笑顔になれる場」。それが子どもたちのねがいです。

病気になり、失われる日常と安心感

ただ、子どもたちは最初から笑うことができていたわけではありません。思春期に突然見舞われた小児がんに「なぜ自分なのか」という答えの出ない問いを繰り返す子。絶望とショックで感情を失ったという子。「うそだ！　なにかの間違いだ！」と病気を認められなかったという子もいます。「自然に笑みがこぼれる」と書いたつぐみちゃんだって、入院当初は泣きながらふさぎ込む日々だったそうです。

それも当然。友だちと他愛ない話をしたり部活で汗を流したりするのが楽しくて仕方ない年頃。当たり前に続くと疑いもしなかった毎日が、ある日突然失われるのですから。

安心感は根底から覆され、心は激しく揺さぶられるでしょう。経験していない私には想像できるものではありません。「想像できない」ことを自覚しておくべきだと思っています。

こんな状況に置かれた彼らとかかわるとき、私の心にあったのは「目に見える言動ではなく、心の声を汲み取りたい」という思いです。「病院の中の学校なんて行かない」と怒りをあらわにする子の姿に、「地元の学校に戻りたい」というねがいと「病気になんてなりたくなかった」という悲しみを見出し、「先生なんか来るな」と拒絶する姿から「自分のことを本当にわかってくれる人、誰か来て」という救いを求める心の叫びが聴こえます。

絶望、悲しみ、不安、孤独…そうした思いに寄り添いながら「ありのままの気持ちを受け止めたい」。そう思ってはいたのですが…。

受け止めきれなかった思い

すぐに退院できると思ったのに病名を知り「どん底だった」という子も、いるかに来て仲間と出会い、少しずつ笑顔を取り戻していきました。「自分が救われたからこそ、病気と闘う仲間のために、いるかはいつだって明るく笑顔の溢れる場じゃなきゃいけない」。そう感じている子どもたちと何人も出会いました。

私がいるかで初めて担当した、愛称「ぐっちー」こと慶太君（高校2年）もその一人です。勉強にもサッカーにも全力で打ち込んでいた高校生のときに入院。一度は退院したものの再発。再びいるかに通ってきていました。友だちを巻き込み、楽しい会話を弾ませるムードメーカー。いるか全体のお楽しみ会の実行委員をかって出て、小学生から高校生まで楽しめるゲームを企画し盛り上げてくれました。そして、将来は、自分自身がお世話になった理学療法士になり、病気に苦しむ子どもたちの役に立ちたいと願っていました。

しかし、出会って半年が経とうという頃、ぐっちーの病状は深刻さを増し、視力を失い始めました。社会見学の日、「行っても見えないから行かなくていいや。残る」と言うぐっちーと二人で教室で過ごしていたとき、こう言ってきたのです。

「比呂二先生、俺、昨日で余命一年超えたんだぜ。すごくない⁉」

「えっ、そうなんだ…すごいなぁ」

それしか言葉が出ませんでした。

その後1ヵ月足らずで、ぐっちーは寝たきりになりました。ご家族も病室に寝泊まりし、残された時間を共にすごす日々でした。

そんなとき、授業の合間を縫って病室に行くと、ぐっちーが酸素マスク越しに言ったのです。「みなさん、さようなら」。くぐもっていましたが、確かにそう聞こえました。しかし、頭ではわかっても、私の心は受け止めることができず、思わず「えっ⁉」と聞き返していました。

すると気力を振り絞りもう一度繰り返すぐっちー。なのに私は「何言ってんだよ〜」と返すのが精一杯でした。

その3日後、ぐっちーは旅立ちました。「みなさん、さようなら」…それが最期の言葉。

ぐっちーは、自分の命が燃え尽きるのを覚悟し、私にみんなへの別れの挨拶を託したかったのだと思います。「子どもの思いを受け止めたい」。そう思っていたはずなのに、私は受け止められず誤魔化してしまいました。なぜあのとき、「わかった！　みんなにちゃんと伝えるよ」って応えられなかったのか。

いくら悔やんでも、取り返しはつきません。

自分で決めた余命

ぐっちーが亡くなった後、携帯に残されていたメモを、ママが見せてくれました。

「目の前で泣いている人を見つけたら何とかして笑わせたい。そのためなら寿命が縮んでもいい」

いかにもぐっちーらしい。さらにこんな一文も。

「宿命は変えられないかもしれないけど、運命は変えられる　だから今日も俺は生きる」

そして、余命について、次の話をママからうかがいました。

「余命は一年じゃなかったんですよ。一年前に医師から言われたのは『君のこの状態で3ヵ月生きた子はいないよ』ということでした。でも、そのとき慶太は言ったんです。『じゃあ先生、俺は一年がんばる！　だから、俺のデータ全部取ってくれよ。そして、これからの子に役立ててくれよ』って」

「余命一年」は、ぐっちー自身が決めた一年だったのです。

「こんな思いで生きている子たちの気持ちを受け止めないでどうする」

ぐっちーは私に、どんなときにも子どもと向き合う覚悟を与えてくれました。

第２節　仲間とつながり人生をつなぐ院内学級

格差の大きい病弱教育の場

一口に「院内学級」と言っても、子どもの病気の種類や病院によって、教育条件の質と量には大きな格差があります。そもそも、入院してもその病院に病弱教育のシステムがなければ教育そのものを受けることができません。

特に、高校生のための院内学級の設置は、各地方自治体任せで圧倒的に不足しています。また、編入するためには地元校を退学しなければならない上、たとえ編入できたとしても退院後の復学は必ずしも保障されていないのです。

地元校からは「病院の中で十分な学習ができるのか。まずは治療に専念して」という疑問や心配の声も聞かれます。しかし、きびしい治療に向き合わざるを得ない毎日だからこそ院内学級は必要なのです。

いるか分教室は、高校生の受け入れができる全国でも数少ない場です。普通科のほぼすべての科目を履修でき、個々に合わせた教育課程を組むことができます。地元校の教科書を使い、進度もできる限り合わせます。私は、期末テストは一人ひとりの課題に合わせ10人いれば10通り作りました。

ただ、体調の悪さや治療により、予定通り授業が進まず、あせりを感じたり、できない自分を責めて気持ちが不安定になることもあります。そんなときこそ「何があっても大丈夫」と寄り添い、「たとえ遅れても、いつからでもやり直せる」と伝えたいのです。

「わかるおもしろさ」がやる気の源

一年間にわたる闘病生活を終え、高２の２学期からの復学が決まった匠太郎君。治療や手術などもあり、実際に受けられた授業時数は地元校にはとても及びません。しかし、時間は少なくても、いるかの授業はわかりやすく面白いと集中して学びました。復学前の夏休みはすでに退院していましたが、私と数学をやりたいと毎日いるかに通い、復学してみると、なんと入院前より成績がよく、地元校の先生を驚かせました。

また、数学は苦手で嫌いと言っていた友里さんが、めずらしく夜ベッドで数学の問題集を広げていたときのこと。看護師さんが「がんばってるね」と声をかけると「わかると面白いから、やってみようと思って」と答えたそうです。やる気になれば自ら学ぶのです。

私が数学の授業で心がけるのは、その子のわかり方に応じて指導すること、そして、単なる暗記ではなく、本質的な意味を伝えたいということ。授業を通して学びの面白さに気づいたら、子どもは授業をこえて自ら学んでいくでしょう。病弱教育ではどうしても限られる授業時数。しかし、授業の量ではなく、質で乗り越えたいのです。

生きる意味を見失う

院内学級の役割というと入院中の学習保障がまず頭に浮かぶかもしれません。ただ、私がいるかで出会った子どもたちの多くが口をそろえるのは「大事なのは学習面より精神面の支え」です。

匠太郎君も、はじめはとても勉強どころではありませんでした。それも当然です。毎日、野球に明け暮れる日々。それが突然の小児がんの発症。しかも、足にできた骨肉腫だったのです。入院当初の気持ちを後に打ち明けてくれました。

「病名を聞いた瞬間、初めて感じた『死の恐怖』。医師の説明に少し安堵はしたものの、もう一生激しい運動はできないことがわかったときに感じた『死ぬこととはちがうもう一つの絶望感』。こんな体になってまで生きる意味があるのかと考えるが、親より先に死ぬのは申し訳ないから、そのためだけに生きるしかないと思った『妥協の人生の始まり』」

16歳の青年にとってあまりにもきびしい現実です。そんななか、治療は否応なく始まります。

「治療２日目、起床と同時に嘔吐するほど体調が激変した。それ以降、常に吐き気がある状態となり、お茶漬けしか食べられなくなる。５日目、朝食を８割以上食べないと点滴が取れないため、無理やり詰め込み、１クール目の治療は終了した。この間、抗がん剤の想像以上のつらさにベッドから立ち上がることすらできない状態となっていた。吐き気止めの薬を使っていたにもかかわらず、今まで生きてきたなかで最高レベルの吐き気のつらさであった」

先の見えないきびしい治療。しかも、たとえ終わっても二度と野球ができない現実を前に、「ただ淡々と治療をこなす『義務感』と、なぜこんなことをしているのかという『虚無感』、そして普通の生活を送れている同級生に対する『嫉妬』」を感じていたといいます。

入院生活をプラスに変えた仲間との出会い

入院してしばらくしたある日、匠太郎君がぽつりとつぶやきました。

「野球やるために入った高校だからさ…治療が終わっても、もう高校戻る意味なくなっちゃったよ」

このときの彼の思い…察するに余りあります。

しかし、数年後、小児がんをテーマにしたシンポジウムに登壇した匠太郎君は次のように語りました。

「私は高校時代にがんになり再発も経験した。かわいそう、つらかったろうとマイナスのイメージをもつ人が多いだろう。しかし、この3年間とても楽しかった。普通の人が当たり前に過ごす3年間より、より充実した時間を過ごせた。もちろん、普通の人が経験しない苦しみもたくさん味わった。しかし、それらをひっくるめてもプラスと思える」

「妥協の人生を生きるしかない」とまで思った彼がなぜそこまで変われたのか。それは、いるかという場があり、教員と出会い、仲間とつながれたからと言いきります。

仲間同士支え合うピアサポート

「俺ら、いつ切断するんだろうね」

「いや、人工関節で感染症にならなくて、支障がなければ切断しなくていいんじゃない」

「そうか…。でも、機能の悪い人工関節と、機能のいい義足どっちがいいんだろうって考えるんだよね…」

「病気になっちゃったの、なんで私だったんだろう…って思っちゃうよね」

「俺たち運が悪かったよね」

同じ骨肉腫で入院していた高校生が教室の片隅で交わしていた会話です。

匠太郎君は、いるかの先生は信頼しているけど決して病気の話はしないと言いました。なぜなら、病気でない人にはわからないからだと。だからこそ、いるかで出会った仲間はなににも代えがたい大切な存在。夜になると集まって、自分たちの病気のことを話し合っていたそうです。通称「病人トーク」と呼び合ったその場では、親にも医師にも地元の友だちにさえ言えない痛みを伴う思いを打ち明けられたといいます。

また、病室が同じメンバーと、夜通し話したり遊んだりして、一人閉じこもっていた時期は苦痛で仕方なかった入院生活が楽しくさえ思えるようになったそうです。

治療中は互いにがんばる姿を見て鼓舞しあい、しんどいときは気遣いあう仲間たち。匠太郎君は、「自分を含めた3人の男子高校生は、仲が良くなった後、抗がん剤の副作用による嘔吐を一度もしないという快挙をなしとげた」と胸を張りました。

仲間の存在はこんなにも大きく、子ども同士のつながりが生みだすピアサポートはなくてはならないものなのです。

きびしい治療をようやく終えて復学したのに、一年後の高3の夏、最初の再発が匠太郎君を襲いました。今まで涙を見せたことがなかった彼が初めて号泣しました。病院の駐車場の車の陰で座り込み、二人きりで泣きました。

しかし、その数日後に入院してきた姿は見事でした。入院中の高校生たち全員に声をかけ、みんなをつなぎ仲間に巻き込んでいったのです。それまで閉ざされていた一人ひとりのベッド

匠太郎君、はじめてのシンポジウムを終えて
いるか分教室時代の恩師・斉藤淑子先生と

サイドのカーテンは、匠太郎君の入院と共にすべて開いた状態になりました。

最初の入院のとき、自分が仲間によって救われたから、今度は自分がみんなをつなぐ番だと強い自覚をもっていたのです。当時、入院していた生徒や保護者の何人もが「あのとき、匠太郎君に救われた」と今も言っています。

病弱教育と教師に望むこと

「復学後にどう接してほしいか?」との質問に「変に気を遣われるのは嫌だけど、気を遣われないのもすごく嫌だ。やさしくされすぎるのも嫌だけど、やさしくされないのはもっと嫌だ。普通がいい」と答えた高校生がいます。

また、匠太郎君は、大人からされて嫌なかかわりは「同情されること。同情されると悲しくなる」と答え、「病気だからと特別扱いせず、一人の生徒として接してほしい」と言いました。

彼は、自分にとって、いるかは心の拠り所であり、教師は単に勉強を教えてくれる存在ではなく、信頼のおけるパートナーだったと言ってくれました。その理由の一つが「同情ではなく共感してくれたこと」だといいます。

「同情は同じ立場に立っておらず、『あの子かわいそうだな』とちがう立場から哀れみの目で見ています。共感は同じ立ち位置にいることです。再発をして泣いているときに、先生も一緒に泣いてくれました。同情ではなく、共感してもらえたと感じるのです」

そして、教師に望むこととしてこうも言いました。

「笑顔にするのは重要です。笑顔だからこそ安心できるのです。病気は死と隣り合わせだからこそ、安心できることは自分を日常に戻してくれます。まちがいなく重要です」

闘病は９年に及び、手術は10回を超えました。それでもいつも前向きだった匠太郎君。私の敬愛する友人です。

24歳で旅立つまで、彼は自分の経験を活かした患者支援の活動を精力的におこないました。高校の卒論を皮切りに、シンポジウム、大学での講義、テレビなどのメディアを通じて、がん患者の支援と高校生のための病弱教育の必要性を発信し続けたのです。そのなかで院内学級の役割について次のように語りました。

「単なる学習保障の場ではなく、病気によってガラッと変わってしまった人生に、今後どう向き合っていくのかをちゃんとつないでくれる場。『病気になる前の自分』と『病気になった後の自分』とをつなぐ役割が大きい。そして、不安定になったメンタルを回復する以上にいかに成長させることができるかを課題として考えてほしい」

彼の思いを実現できる場を広げていかなければいけません。

第3節　大切に思える日々をつむぐ

いるかがあったから、がんばれた

つぐみちゃんは念願の高校に合格し、小学生の頃から続けてきたバスケットボール部に入りました。彼女が左膝に違和感を覚えたのは、入学して間もない頃のことです。成長痛かなと思っていた痛みは次第に増し、歩けないほどになりました。そして、いくつかの病院を経てたどり着いた「がんセンター」で、骨肉腫と宣告されました。

（まさか…。部活の仲間と一緒に卒業できないのか）と思うと、瞬きするたびに次から次に涙が溢れ出たそうです。

しかし、いるかに編入することで、戻ったとき大好きなバスケ部の仲間と卒業できるという希望の光が見えました。ただ、入院中の支えはそれだけではありません。いるかで大親友と思える仲間と出会えたこと、学校や学年を超えた仲間たちと軽音楽部の活動に夢中になれたこと、自分の病気のことを包み隠さず話し合える仲間と出会えたこと…そのすべてが、つぐみちゃんの「いるかがあったから、がんばれた」という言葉につながります。

自分の身体に裏切られる

つぐみちゃんはいつも明るく、仲間の相談にもよくのってあげるお姉さん的存在でした。人にはとことんやさしく、自分には徹底してきびしいつぐみちゃん。何事にも一切妥協せず、治療中も夜遅くまでベッドサイドで勉強し、軽音楽の演奏にも打ち込みました。入院してから始めたベースの演奏でしたが、人一倍努力を重ね、課題曲の楽譜は二度目の練習のときにはすべて暗記しているほどでした。

つぐみちゃんは約一年の治療を終えて復学しましたが、高３になり大学受験に向けてがんばろうというときに再発が見つかりました。わずか数ヵ月の間に肺への転移が二度、更に高３の冬には甲状腺を全摘しました。

「夢に向かって生きようと思うたび、自分の身体に裏切られる」。そう感じたそうです。なぜ、こんな思いをしなければいけないのか。理不尽でなりません。

たび重なる再発

つぐみちゃんは努力を重ね、見事大学へ進学しましたが、病魔はしつこく追いかけてきました。

再発は続き、大学２年のとき右卵巣に転移し全摘…。それでもなお「絶望はしたけど、まだ治る。そう信じていた。再発してがんばっている仲間をみてきたから」。そう思っていたそうです。いるかで出会った大親友は、幼少期から入院し再発は十数度に及んでいました。

ずっと前向きだったつぐみちゃんですが、大学3年のとき、肺に転移した腫瘍を取るための手術は、開胸しただけで閉じる結果に終わりました。

「取り切れないほどの腫瘍があり、完治は難しい。維持療養に切り替える」と宣告されたのです。

「ずっと治ると思ってたのに…何度再発しても、治ると思い前向きだったのに、治らないかもしれないと言われたときから精神的にボロボロで、学校のことを考えていても、治療のことを考えていても、そうじゃないことを考えていても、止めどなく溢れてくる涙をもう自分ではどうしようもできなかった」と言います。

「笑う」ことが生み出す「生きる力」

ある晩、つぐみちゃんが、「全部嫌になった」と病室で人目をはばからず号泣したことがあります。そんな姿を見るのは初めてのことでした。そのとき、彼女を救ってくれたのは、いるか時代から一番信頼を寄せている環姫先生でした。その夜すぐに駆けつけて彼女の思いをすべて受け止め、笑顔を取り戻させてくれました。

つらいときには泣いていい。泣いた方がいい。安心して泣けるためには、寄り添ってほしいと思える人の存在が必要でしょう。そして、泣けるからまた笑えるときがきます。

つぐみちゃんは、「がんノート」というネット番組で、同じ闘病仲間に、次の言葉を贈りました。

「幸せだから笑うのではなく、笑うから幸せ」

そこには、つぐみちゃんのこんな想いが込められています。

「がん患者は自分は不幸だと思うかもしれないけど、だからこそ泣くのではなく、笑ってたら幸せだよっていうことが大事だと思っている。確かにつらいこと涙することはいっぱいあるけど、それと同じくらい笑うこともいっぱいある。もちろん、つらいときはいっぱい泣いていい。だけど、笑顔を忘れなければ、がん患者でも幸せなんだよっていうことをみなさんに伝えたい」

つぐみちゃんはそう語り、最期までその言葉通りに生き抜きました。

病院に来れば、必ずいるかで明るい笑顔をみせ、入院してきた子がいればさりげなく声をかける。入院時期がちがう子たちともたくさんのつながりを結び、笑顔の輪を広げ続けたつぐみちゃんです。

どんなに苛酷な状況にあっても、「笑うことができる」というのは、「生きる力」を生み出します。

先輩の言葉が気持ちを変える

「先輩さん、いらっしゃい」と題した授業に、高校時代をいるかで過ごした青年2人が来てくれました。そして、病気がわかったとき、治療中、更に、退院後の生活で感じた思いなども包み隠さず話してくれました。治療の先輩や年長者がみんなを仲間に巻き込むことの大切さ、それにより入院して不安に満ちた子たちがどれほど救われるかなど、体験した者にしかわからない話にみんな引き込まれ、あっという間に2時間がすぎていきました。

参加した中高生の感想です。

「不安だった気持ちや高校に戻ってから大変だったことを話してくれたので、安心することができました。副作用の吐き気のことも、誰かにわかってほしかったから、わかってもらえてすごく良かったです」

「いるかは勉強するだけの場所ではなく、病室で寝ているだけでは絶対にできない『友だちをつくること』や『友だちと遊ぶ』ことをできるようにしてくれる大切な場所なんだと強く感じました」

こう書いたニッシー（高2男子）は、入院当初は、いるかに行くのが嫌で教員が近づいてくるのを察すると、布団をかぶって寝たふりをしていました。それが、この授業の翌日から放課後も教室に来てみんなと遊ぶようになり、一時退院できる日も「友だちがいるから退院したくない」とまで言うようになったのです。

ある日、授業が終わるとなにも聞いてないのに突然こう言われました。

「比呂二先生、俺、もういるかの大切さ…わかってますから」

そう言って病室へ戻っていったニッシー。そのときのドヤ顔と後ろ姿をこの上なくうれしい気持ちで見送ったこと、忘れられません。

支え合うバトンをつなぐ

寛ちゃんは入退院を繰り返しながら、いるかの小、中、高等部すべてを経験していました。いるかが大好きで、中学生のときは一時退院中も新幹線通学をするほどでした。

中3のときの作文「私の夢」の一節です。

「僕は将来、小児病棟の子どもたちの役に立つ仕事に就きたいと考えています。なぜなら、僕自身が7歳の頃からずっと小児病棟でたくさんの方にお世話になり、いつか恩返しをしたいと思ってきたからです。小児病棟には、たくさんの方々がかかわってくれています。院内学級の先生や子ども療養支援士、そして遊びのボランティアさんなどです。ある日突然家族と離れ、つらい治療をしなければならなくなった僕たちの悲しい気持ちを支えてくれる存在です」

ある日、次のような光景を目にしました。

朝から体調が悪いと言っていた寛ちゃんが、夕方、プレイルームのマットの上でゴロンと横になっていたのです。（なんでベッドで休んでないんだろう？）そう思って見ていると、小さな子が呼びかけました。「ねぇ、寛ちゃん、ゲームしよ！」即座に笑顔で「いいよ」と体を起こす寛ちゃん。（そうか、ここで小さな子の遊び相手をしてるんだ）。寛ちゃんは、子どもにとって遊び相手がいないこと、ヒマなことがどれほどつらいことかを身をもって知っているのでしょう。つらい思いを知っていればこそ手を差し伸べる。救われたからこそ今度は支えたい。支え合いのバトンがつながっていきます。

（寛ちゃんはすごいなぁ！　もう将来の夢を実践してるじゃない！）

仲間を想う

寛ちゃんは、放課後の軽音部の活動ではどんなに体調が悪くても、教室に来てギターを抱えていました。そんなギターについての作文です。

「私がいるかで一番心に残っているのは、やはり初めてギターに触ったときである。小学生のときからあこがれていたギターにふれたときの感動は、今でも鮮明に覚えている。地元の学校に行けず悲しんでいたときに、小学生の頃からお世話になっている、いるかの先生から『ギターをやってみない？』と誘ってもらった。あこがれのギターができると思ったら元気がわいてきた。そして、先生が涙を浮かべながら喜んでくれたことがなによりもうれしかった。このギターに出会えたことで、僕の人生が変わったと言えるほど心に残っている。今では生きがいになった」

寛ちゃん、軽音部練習中の一コマ

軽音部の演奏会のとき、車椅子に乗った小さな子が具合が悪いのをこらえながら食い入るように見ていました。演奏後にその様子を聞いた寛ちゃんの言葉です。

「俺、ちゃんと気づいてたよ。あんなに一生懸命見てくれててうれしかった。俺もちっちゃい頃、高校生の発表見て感動して今に至るからね。いつか今日見てた子たちもやってくれるとうれしいな」

寛ちゃんのギターは、練習した曲をただ発表するだけのものではなく、同じ闘病を続ける仲間に夢や希望を伝えたい想いのこもったものだったのです。

高校生になった寛ちゃんは、いるかのみんなで演奏できる曲を作りたいと作詞をしました。

タイトルは「Ｆは突然やってくる」。Ｆというのはギターコードのことの。初心者にとって初めてぶつかる高い壁です。練習しても練習してもなかなか鳴ってくれないF。

「アイツの存在は僕たちが乗り越えなきゃいけない壁なんだ　だからつらいときもこの曲歌ってみんなでがんばろう」

次第に弦を押さえる指はジンジン痛んできます。

「アイツとの闘いは痛くてつらくて何度も諦めようと思った　でもこの闘いを続けた僕らはだんだん強くなってきた」

まるで病いとの闘いのようでもあります。そして、曲の終盤、とうとうFを克服した喜びが爆発します。

「あ〜ついに音が出たよ　気持ちいいな　ふとした瞬間にアイツがやってくるなんて　あ〜軽音楽しいな　最高の気分」

そして、最後のフレーズは仲間想いの寛ちゃんらしく締めくくられます。

「みんなにFが来ますように」

私にはこんな風に聴こえます。「みんなのとっておきのねがいが叶いますように」って。

寛ちゃんは作曲も手掛けたかったと思います。しかし、その時間は残されていませんでした。寛ちゃんの思いをくみ、軽音部を支えてくれているボランティアの方が曲をつけてくれました。そして、寛ちゃんといるかで共にすごした仲間がボーカルをかってでて、バンドを結成。毎年病院のクリスマス会で仲間たちの演奏と歌声が響き渡ります。みんなにそれぞれの

ギターを始めた中１の頃

〝Ｆ〟が来ますようにって。

「消したい日々」でなく「大切に思える日々」に

中学を卒業するときの寛ちゃんの作文です。

「どんなときにも私にはいるかがあった。治療でつらいときも、みんなで楽しく過ごしているときも、すべているかだった。中学三年間をいるかで過ごせたことをとても幸せに思う。先日、高校に合格したときはとてもうれしかった。先生方に本当に感謝している。今までありがとう。これからもよろしく、いるか分教室。私は世界一幸せな中学生だ」

院内学級は、誰一人望んでくる子はいない場です。それでも自分を「世界一幸せ」と思えるほどの可能性をもっているのです。

それは、「病気によって失われた生活を補う」という発想では決してできないでしょう。なりたくなかった病気だろうけど、病気になったことで始まる生活が確かにあるのです。その「新しい生活をできるだけ輝かせる」ことに力を尽くしたい。笑顔になれる生活と、かけがえのない仲間とのつながりが、闘病生活を「消したい日々」ではなく、自分の人生の一部として「大切に思える日々」に変えていくことを、子どもたちが身をもって教えてくれているのですから。

第4節　いるかでのもうひとつの出会い

いるか分教室の軽音楽部にボランティアで来てくれていたエッジ（Edge）さんは、会社経営をしながら本格的なロックバンド活動もされていました。エッジというのはロックミュージシャンとしての名前で、れっきとした日本人。ですが、いるかでは大人も子どももみんなエッジさんと呼んでいました。

ステージでシャウトするエッジさんはド迫力のオーラで近寄りがたいのですが、いるかに来たときは、いつもあたたかい笑顔で子どもたちを見守りながら、クオリティの高い演奏ができるよう支えてくださっていました。子どもたちには、教員とはまたちがう深い信頼関係が生まれていきました。

ぐっちーもエッジさんとはすぐに意気投合し、ギターを通して心を通わせているようでした。しかし、出会いからわずか1ヵ月半でぐっちーは旅立ってしまいました。ぐっちーの通夜で号泣したエッジさんは、その後すぐにぐっちーに贈る曲を作ってくださいました。曲名は「Go　Flight」。ぐっちーのママは今も毎日聴いているそうです。

同じ闘病仲間として

それから5年の歳月が流れた夏、エッジさんの腎臓にがんが見つかりました。かなり進行したきびしい状態でした。そして、子どもたちと同じがんセンターで治療が始まることになったのです。

そんなエッジさんから、自分の病気のことを寛ちゃん（当時、高校1年）にだけは直接伝えたいと連絡がきました。

「比呂二先生！　俺は全然怖くないよ。いるかの子たちのおかげだよ。ようやく仲間になれた。どんな治療か楽しみだよ」。そう笑っていました。

私の一存では決められず、寛ちゃんのご両親に相談すると、ママからこう言われました。

「エッジさんが寛太に対してそのように思ってくださっていること、とても有り難いです。寛太にとって、一緒に闘う仲間と思えるんじゃないかと思うんです。エッジさんの話を聞いて、今の自分の状況をどう思っているのか、私たちには言えないことも言えるかもしれない。主人とそう

寛ちゃんを見守る Edge さん

話しました。ぜひ、よろしくお願いします」

寛ちゃんとエッジさんを信じるその言葉に胸を打たれる思いでした。

こうして、いるかの教室で、エッジさんと寛ちゃんで話す場をもうけました。お菓子を食べながらひとしきり談笑したところで、エッジさんが穏やかに話し始めました。

「実は、俺もこの病院でお世話になることになってさー」

（えーっ）という表情になる寛ちゃん。しかし、その後の話もしっかりと受け止めながら聞いていています。

「寛ちゃん、先輩だからいろいろ教えてよ。食事のこととか、ナースのこととかさ」

「食事はね～、ふりかけとお茶漬けは必需品！　あと、木曜の選択食はAはやばいよ」

寛ちゃんからのアドバイスを微笑みながら聞

いているエッジさん。寛ちゃんにとって音楽では雲の上のような存在でしょう。でも今は同じ病気と闘う仲間として心の距離がより近づいたように感じました。

エッジさんが帰られると、「エッジさんが部活に来られなくても自分たちで盛り上げていく！　自分たちの演奏をエッジさんに聞いてもらうことで応援していく！」

寛ちゃんはそう言い、病室に戻る時間ギリギリまで、エッジさんと共にやってきた曲を演奏し続けました。

治療のため部活の指導から一歩退いたエッジさんですが、入院中に、ご自身のバンド「Wing　Edge」勢揃いによるミニライブを教室でおこなってくれました。病室から酸素ボンベを持ちだし、鼻にはチューブを通したまま、キーボードを弾き熱唱した姿は目に焼きついています。ライブの後、病室に戻るときはフラフラで、音楽仲間のせっちゃんの肩を借りて戻っていきました。それがエッジさんにとって最後のライブとなり、翌月、エッジさんはこの世を去りました。

つながっていく子どもらへの愛

エッジさんが「すげえピアニストがいるんだよ！」とせっちゃんを紹介してくださったのは、亡くなる一年ほど前のことです。

エッジさんはせっちゃんに「俺、がんセンターの子どもたちと音楽やってるんだ。一緒にやろうぜ。あの子たち、ホントにすげーんだ！　なんでもできる。強いんだ。俺は尊敬してる！」と熱く語り、誘ったそうです。

せっちゃんはじめ、ボランティアとしてかかわってくれた貞さんやいちおちゃんも、できる限りいるかに足を運んでくださいました。音楽を通して共にする時間があればこそ心を開いてくれる。つながることができる。それを肌で感じながらの日々。

せっちゃんは言います。

「初めは、不安そうに、伏し目がちにしている子どもたちが、おずおずと楽器の前に座る。（あとは音がつなげてくれる）と信じ、子どもたちと私をつなぐ目に見えない綱を、音に乗せてグイグイ引っ張り続ける。下を向いていた子どもたちが、いつの間にか顔をあげ、ニッコリ笑う！　そして、真剣な眼差しで楽器と向き合い始める。まさしく、この瞬間が、私の幸せの瞬間！　子どもたちの笑顔のために、私は通い続ける」

子どもらへの愛がつながっていきます。

下記のQRコードを読み取ると、寛ちゃんが作詞した「Fは突然やってくる」を聴くことができます。ボランティアのいちおちゃんが曲をつけてくれました。せっちゃんと共に組んでいるバンド「One Phrase」による演奏です。

Edge

LIONS
Privia

最終章　子どもとかかわる原則はおなじ

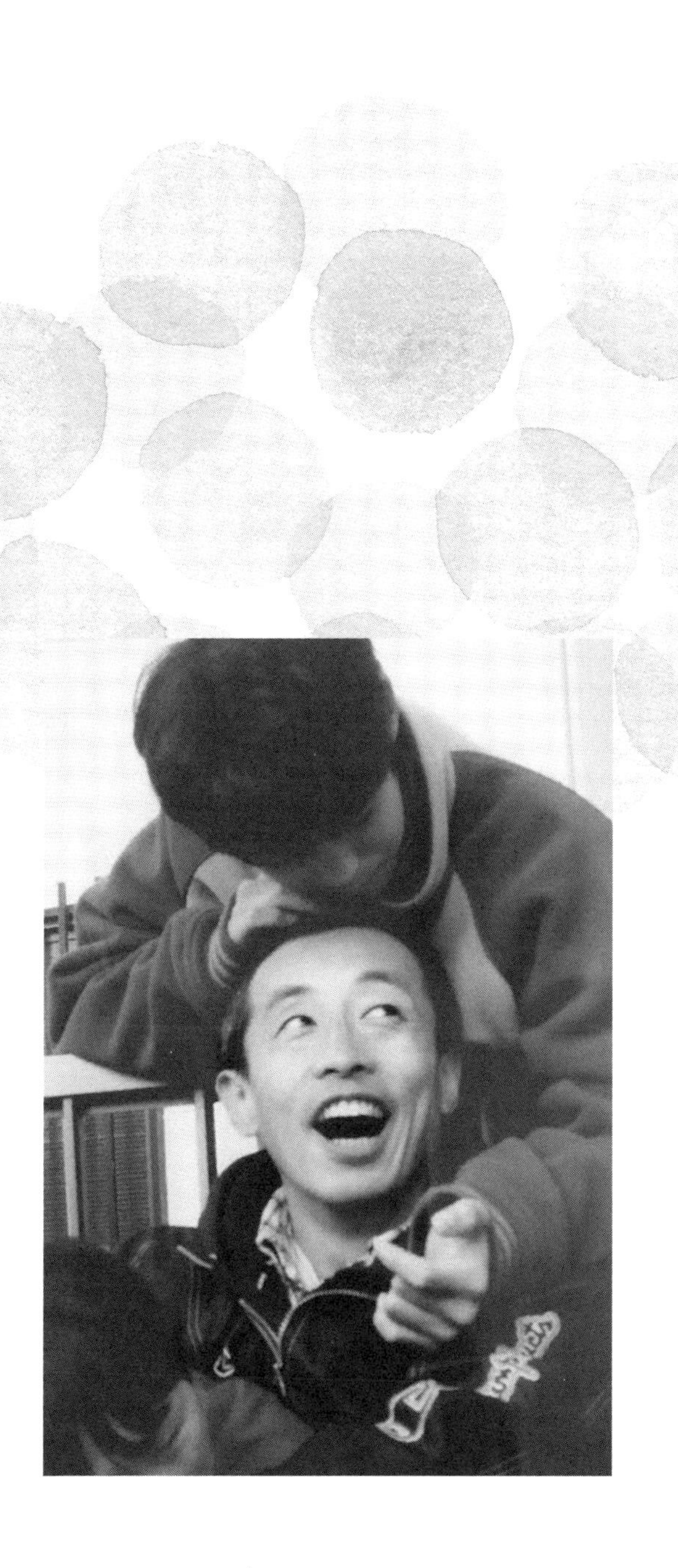

「ねがい」と「納得」

達也君（自閉症、知的障害）に出会ったのは、「がんセンター」の小児病棟でした。私がいるか分教室に勤めていたときのことです。

彼は高校時代、特別支援学校の重度重複学級に在籍していました。卒業後、脳腫瘍を発症し、一度は治療を終えましたが、再発が見つかり入院してきたのです。頭には大きな手術痕があり、片方の眼球は失われていました。これまで受けてきた治療のきびしさは、察するに余りあります。

当時、二十歳だった達也君は院内学級の対象ではなかったのですが、病院ボランティアのシスターが「佐藤先生、自閉症の子が入院してきたので、ぜひかかわってください」と出会わせてくれました。

挨拶に行くと、達也君は私に自分の描いた絵を見せてくれ、すぐに会話がはずみ仲良くなりました。

私も病室で一緒に絵を描くようになると、好きな電車やキャラクターをリクエストしてくれ、楽しいやりとりが広がっていきました。外泊中に、彼の好きな絵を描き貯め、入院のときに渡すと、とても喜んでくれました。あるとき、ナースステーション前で「佐藤先生に会えてよかったね」と、ママに話しかけている姿を見かけたときは、（こちらこそ）と胸が熱くなりました。

私にとって、授業の合間や放課後に、彼の病室に顔を出すのが楽しみなひとときになっていましたが、そんな時間は、長くは続きませんでした。知り合って２ヵ月足らずで、彼は亡くなったからです。

知らせを受けて駆けつけたときの、ママの言葉が忘れられません。

「学校時代が一番きつかったです。先生からは、だめなところばかり言われて。卒業してようやく少し落ち着いたら病気になってしまいました。病気はつらかったけど…でも、入院してからすごく評価が上がったんです。しんどいときは『おかあさん、背中をさすってください…ありがとう』って言ってくれて。どんなに痛い治療でも『いやだ』とか『やめて』とか一切言わなかった。そして、処置のあとは必ずお医者さんや看護師さんに『ありがとうございました』って頭を下げていました」

私にはとても想像の及ばないがん治療の痛みやつらさ。病気を治したい「ねがい」とつらい治療は病気を治すためという「納得」があればこそ、達也君は最期まで弱音を吐かず闘い抜き、医療者やママへの感謝も忘れなかったのでしょう。

最後にママが力強く言いました。「達也は自慢の息子です」

学校時代に言えたらよかったのに。そう言える学校生活をつくることが私たちのやるべきこと。「ねがい」を育み「納得」を生み出すことがどんなに大事なことか。達也君からの教えが心に刻まれます。

実践記録を通して出会い直す

出会った子どもたちが教えてくれた大切なことの数々。気づくことができたのは、その時々のかかわりを自分なりに綴り残してきたからだと思います。そして、私が実践記録を書いてこられたのは、愛知の竹沢清先生との出会いがあればこそです。

先生と出会ったのは、私がまだ教員になって間もない頃に聴いた講演会でした。「こんなにも子どもの心を深く読み解き、子どもを主人公にする教師が本当にいるんだ」と圧倒され、それ以来、私にとって憧れの存在になりました。

教育研究集会のときなど、とにかく声をかけたくて…ただ当時の私には語れるような実践はなに一つなく、好きな漫画の話や学生時代のおかしなエピソードばかり一方的に話していました。それでも先生は「東京には変わった若いのがいるな〜」と笑顔で受け止めてくださっていました。

私は30代後半の頃、初めて教育研究全国集会にレポートを出しました。第1章で紹介した峻君の実践です。周囲からの「甘やかしてる」という声に応えたい思いで書きました。するとその後すぐに竹沢先生から手紙が届いたのです。初めていただいた突然の手紙。ドキドキしながら封を切ると次のような言葉が目に飛び込んできました。

「家に帰りすぐレポートを読ませてもらいました。さすが佐藤さん。おもしろいね」「私の考えていることを佐藤さんの実践に即して述べていると思いました。そしたら、私の書いたレポートを送りたくなりました」

その文面に感激し、同封されていたレポートを夢中で読んだことを思い出します。

それ以来、子どもとのかかわりで「ハッとしたこと」「なぜ？　と思ったこと」などを少しずつですが書き留めるようになりました。

そして、「書くことで意識でき、意識できるから気づける」ということを知りました。目に見える行動の裏にある子どもの思いをどう汲み取り、どんな声かけをしたのか。書くからこそ流さずに意識できます。

そして、（そんなねがいがあったのか）と気づいたり、（自分の汲み取りは間違っていた）と振り返れたことも一度や二度ではありません。

実践記録を書くことで子どもとの出会い直しができることを知りました。

書くことで気づく違和感

大吉君（第1章6節参照）が授業中に泣きながら自傷を始めたとき、「大吉君、もうゴンゴン（自傷）は卒業できると思うよ。みんな応援しているよ」と語りかけたことがあります。そのとき大吉君はハッとした表情をして「行く（教室に戻る）」と立ち上がりました。自傷をやめ、気持ちを切り替えることができたことがうれしい！　そんな笑顔でした。

翌日から、大吉君自身が「そつぎょう〜」と笑顔で言い始めました。「卒業」という言葉に、

自傷をしない自分を重ね、期待や憧れを抱くことができたのかなと思いました。

やがて高校生になると、はっきり「自傷やめたい」と言うようになりました。

ところがその後、坂道を転がるように不安定になり、自傷やパニックが前よりも激しくなってしまいました。おそらく、今まですんなりとやっていた活動でさえ（自傷しないでできるだろうか）と意識するあまり緊張と不安が高まってしまうのでしょう。

大吉君は出会った頃から、不安になると「泣いていい？」と言っていました。私は不安を受け止めつつも「泣くことないよ」と応え、彼もその言葉を支えに一つひとつ乗り越えてきたのですが、この時期は同じようにかかわっても、余計パニックが激しくなってしまうのでした。

（なにかおかしい）と違和感を感じながら、

日々のかかわりを思い返しては書き留めました。そして、あるときハッとしたのです。

（そうか。今の「泣いていい？」はこれまでとはちがうんだ）

今までは（不安だけどやりたい。だから支えてよ）という思いだったから「泣くことないよ」の言葉が支えになっていたのでしょう。しかし、今は自傷にまで歯止めをかけようと踏ん張った末での「泣いていい？」なのです。

（不安でたまらないこの気持ちを、ただただ無条件で受け止めてほしい）というねがいが込められたものだったのでしょう。それなのに私は「泣くことないよ」と逃げ場を奪い、追い詰めてしまっていたのです。（あ〜、なぜもっと早く気づいてあげられなかったのか）。申し訳ない気持ちでいっぱいになりました。

それ以来、「ごめんね。泣いていいんだよ」と声をかけるとスーッと力が抜けていくのが感じられました。次第に大吉君は立ち直り、自傷しそうなときは「歩く！　歩いて切り替える」と自分で自傷を防ぐ手立てまであみだしていきました。

記録を書くことで気づけた違和感。子どもとのかかわりで違和感を感じたとき、それは、彼らのホントのねがいを見失っているときなのかもしれません。今一度、視野を広げ子どもの心の声に耳を澄ませたいと思います。

生きてていい自信

出会った頃の大吉君はどんな誘いにも「やりません」と言いつつ、やらないままなら（みんなやってるのにできない自分はダメ）と自傷が始まりました。その姿は痛々しく、自己肯定感がまったくといっていいほどないように感じられました。しかし、ねがいを汲み取り支えることで、少しずつ自信が高まり笑顔も増えていきました。

ただ、私は思います。自己肯定感の源は「何かができる自信」ではないと。大吉君は自傷に歯止めをかけられるようになったから素晴らしいのではないのです。自傷するしか仕方ない苦しみのなかにいる大吉君も同じように大切な存在。その思いを送り続けることが大事だと思うのです。「何かができる自信」ではなく、たとえ何もできなくてもいい、「生きてていいと思える自信」。大吉君と出会い、それが必要な子たちがいると思うようになりました。

生きる希望を語る実践を

私の実践報告を聞いた間宮正幸先生（北海道大学名誉教授）は、こんな言葉をよせてくださいました。

「佐藤実践に思うのは、自閉症児の世界にわけいり、彼らの発達を保障する実践とは、不登校児の支援であれ、いじめの被害者への接近であれ共通しているところがあるということが示されたうれしさである」

この言葉は、私自身の思いにピタリと重なりました。病弱教育に携わるようになり1ヵ月が過ぎたころ、仕事帰りの夜道を歩いているとき、突然今まで出会った自閉症の子たちから「自分たちが教えてあげたことをちゃんと生かすんだよ」と言われている感覚になったことを、今もはっきりと覚えています。

どこに行っても子どもとかかわる原則はおなじ。

二十代の頃、清水寛先生（埼玉大学名誉教授）の講演会で心に響いた一説が蘇ります。

「障害児教育とは生きる希望を語ること、生きる希望を培うこと。どんなに重い障害があっても、生まれてきてよかった、生きてきてよかったと希望を語る実践を今日やっているか。それが教師にとって自らに問うすべてである」

清水先生の言われたことを果たして実践できているかどうか。自分にできるのは、自らに問い続けることだけです。

出会いはタカラモノ

三十数年前、たまたま面接の話があって入った障害児教育の世界。まさかこんなにもたくさんの出会いに恵まれるとは思ってもみませんでした。

がんセンターで出会ったつぐみちゃん（第3章3節参照）は、思春期真っ只中に小児がんになり、当たり前にあった生活を根底から覆されました。それでもなお、一年後に復学した高校で書き上げた病弱教育のレポートには、こんな言葉が綴られていました。

「病気というはずれくじを引いたと思ったけど、いるか分教室に行くようになり、『素晴らしい出会い』という当たりくじも同時に引いたと思えるようになった」

彼女の言葉を借りれば、一人でも多くの子に当たりくじを引いたと思ってほしい。しかし、実は私たちの方こそ、子どもたちとの出会いという当たりくじをもらっているのではないでしょうか。

だからこそ思うのです。出会いはタカラモノ。そこには、子どもたちが教えてくれることがいっぱい詰まっています。

〈この本を読んでくださる方に〉

その子の「心の声」を聴く、そしてねがい実現のために、徹底して支える
——愛と科学の探究者・佐藤実践を読み解く

竹沢清（元愛知県ろう学校教員）

佐藤比呂二実践を貫くものは何か。私は、愛と科学と言ってみたい。

「100回目でも1回目のつもりで」

そもそも、私なら「100回目でも1回目のつもりで」という小見出しはつけない。パニックを起こし、こだわり続ける子に、はじめは穏やかに働きかけるだろう。だが数回くり返したら、そうはならないのが普通だ。だが比呂二さんは、「100回目でも1回目のつもりで」という。

なぜそこまで言いうるのだろうか。

比呂二さんは、講演の冒頭、手品や中国ゴマをする。〝きまじめな〟私は、（手品などせずに、すぐに実践の話に入ってほしい）と思ったことがある。

今はそうは思わない。

比呂二さんは、不登校の満太郎君に出会うや否や、手品をする。そうなのだ。それは、講演の聴衆・子どもと、比呂二さんとの間にあるハードルを一挙に越え、「対等な土俵を設定する」ための重要な手立てなのだ。

専門性の根幹は、子ども理解

だが、比呂二さんの鮮やかなパフォーマンスに幻惑されてはいけない。

佐藤実践の真骨頂は、子ども理解。

私は、ろう学校に長く勤めてきた。ろう教育の専門性は、人工内耳や発音指導を知っていることではない。専門性の根幹は、子ども理解。

比呂二さんは〝問題行動〟に見える行動から、（必ず理由がある）と、その子の「ホントの心」を求め続ける。時には失敗から、いや、むしろ失敗から。

峻君は徒競走をしない。だが終了直後の、峻君の慟哭と頭を叩き続ける姿に、（ホントは参加したかったんだ！　やらずに終わると、こんなにも悲しいのか）、と比呂二さんは、身をよじるような思いに駆られる。

「イヤの中にあるホントはやりたい」を汲み取る、この、比呂二さんの深い人間洞察は、どのようにして生まれるのか。

「事実と事実をつなぐと、子どもの内面の真実が見えてくる」

大吉君が、こどもの国で「ゴーカートに乗らない」とは言うものの、比呂二さんは、（乗りたいにちがいない）ととらえる。大吉君が以前、パンフレットを見て「ゴーカート…」とつぶやいていたことを知っているからだ。苦戦しながらも、乗る。そして、大吉君は、乗り終えた後、「力の抜けきった姿」を見せる。

乗る直前の不安にかられて「乗らない」とは言う。だが、その前後の事実をつなぐと、大吉君の乗りたい・乗った後の満足感が伝わってくる。

――「事実と事実をつなぎ、子どもの内面の真実を明らかにする」。これは、科学の真理を探究する姿そのものだ。

こうした子ども理解が、子どもへの全幅の信頼につながっていく。そして、その子のねがい実現のために、文字通り、徹底して、彼を支え続ける。それが「１００回…」であり、学校に行かない満太郎君との浅草めぐりでもある。

――それは愛に他ならない。

「子どもが変わる」を貫く

だが支え方、その柔軟さに、思わずうなってしまった場面がある。

満太郎君が「スクールバスに乗らない」と拒否していた。その彼が、流れの中で、乗ってしまう。そのとき比呂二さんが言う。「満太郎君は乗らないんでしょう。だったら、運転手さんに、乗りませんと言ったら」。満太郎君は、「乗りません」と言って降りる。そして二人は、歩いて家に帰る。

意表を突く対応――。

だが、そこには、深い問いかけがある。「だまされるようにして乗ったら、たとえ乗ったとしても、その子の心に残るものは何か」と。歩いて帰る2人の後姿から、さわやかな情感が、私の心にまで伝わってくる。

まさに、比呂二さんが願う「子どもを変える」のではなく、「子どもが変わる」教育を象徴するような場面だ。

この、子どもが内面から求める願いに応じて、教師の出方を変える佐藤実践の対極にあるのが、今日のスタンダード教育だ。

愛知の「春日井スタンダード」では、「語先後礼」といって、挨拶の仕方が決められている。〝言葉を言った後に〟礼をするよう指導される。一緒だと、声がくぐもるからという。挨拶は、時に応じ、目礼もあり、ハグもある。人と状況で、使い分けることのできる子どもを育てるのが私たちの仕事ではないか。

「できることのみを求めるのではなく、人格の形成を求める」佐藤実践は、教育全般への根源的な提起でもある。

じっくりと、実践の意図をくみ取りつつ

本書は、「まっとうな教育は、ここまで可能」と、圧倒的な事実で、私たちに希望と憧れを与えてくれる。そして、そこに至る過程も示してくれる。

本の題は『出会いはタカラモノ』。出会っただけではない。比呂二さんは、人との出会いを、タカラモノに変えてきた。私の友人南寿樹さんは、「すぐれた実践は、必ず教師の自己変革を伴う」と言っている。本書には、随所に、比呂二さんの自己変革が記されていて、読み応えがある。

この本は、さらさらと読むこともできる。けれども、ぜひ、（比呂二さんは、なぜこの行動をとるのか）（自分だったらどうするか）、立ち止まり、行き来しながら、読み進めてほしい。

そこから、大人の思惑優先の教育に抗し、子ども主体の教育へと、一歩踏み出す勇気がもらえるにちがいない。

「人間讃歌の実践書」、その誕生を心から喜び合いたい。

おわりに

翔吾君は、入院当時のことをこう振り返りました。

「中学1年の秋、物が二重に見え始め、吐き気や倦怠感も加わり、いくつもの病院での検査を経てがんセンターに入院することになった。生まれて初めての入院は、大人たちの言うがままで自由はなく、家族との面会以外は常に孤独で、『家に帰りたい。早く時間がすぎないか』とずっと考えていた。半年間の入院を宣告されたときは、ついに涙を流し絶望した。こうして僕は今までとはまったくちがった人生をスタートさせた」

そして、いるか分教室のことは次のように思っていたそうです。

「入院生活で、どうしても受け入れられないものがあった。それは、病棟内にあるいるか分教室の存在だ。元の中学に戻る気満々だったので『知らない学校など行くものか』と教室の前を通るたびに目をそらし避けるように歩いていた」

しかし、他に選択肢がないまま翔吾君はいるかに転校しました。望まぬ転校に加え、この頃から病気の影響で視力が急激に落ちていくというつらい状況が重なりました。いるかの教室に来ても心は晴れぬ日々だったと思います。

そんなある日、私と翔吾君との間に共通の話題ができました。「落語」です。見えなくても楽しめるものと思い試しに聴いてもらったのですが、これがハマりました。ちょっとした会話の端々に落語のワンシーンをいれては二人で楽しむようになりました。他にもマジックやパズルなど共通の楽しみが増えていくと、あれほど嫌だったいるかに夜まで来るようになりました。

やがて、半年の治療を終え、退院後の生活へつなぐときがきました。復学しても、黒板の文字も読めないだろうと、医療スタッフは盲学校への転校が望ましいと考えていました。しかし、翔吾君は自分を視覚障害とは認めず、地元校に戻ることだけを願っていました。私は彼自身が選ぶ道を尊重しようと心に決めました。

私は翔吾君に盲学校での体験授業を提案しました。盲学校に行かせるためではありません。知った上で本人が自分の道を決めるためにです。体験後、「やっぱり地元校に戻りたい。でも週1回は盲学校に通級する」道を選びました。

地元校とは復学前に支援会議をおこない、知恵を出し合い、必要と思われる手立てを考えました。しかし、いざ戻ってみると思いもしなかった試練が待っていました。大人がよかれと思って用意した拡大読書器は、周りの友だちにモニターの文字が丸見えで恥をさらしているようで苦痛だったのです。さらに友だちとの間に感じたギャップもつらかったといいます。

「みんなと何かがちがう。そう感じる毎日。同じ時を経たはずなのに同級生が大人に見える。そして、自分はサポートを必要とする弱い人間。手伝ってくれる友人には感謝の気持ちが大きいが、そこにも薄い壁を感じてしまう」

夢見た復学後の生活は非常につらいものだったのです。

翔吾君は、高校は考え抜いて、盲学校を選択しました。一年後の自分の姿を思い描けたのは普通校よりも盲学校だったのです。そこで、隔たりの無い仲間同士の関係を味わいながら、部活に生徒会に寄宿舎での生活にと活動の幅を大きく広げていきました。

大学で福祉を学ぶことで、翔吾君はこれまでの自分を改めて振り返り、客観視できたといいます。そして、身近な人から障害者理解を広げたいと強く願うようにもなったそうです。

病気になったときはどん底だったという翔吾君が、院内学級のこと、私と一緒に楽しんだマジックや落語、盲学校や寄宿舎での生活、福祉分野との出会い等、そのすべてを「病気になったことによって出会えた宝物」と今は言えるまでになりました。

この本の表紙のタイトル文字をご覧ください。翔吾君の文字です。単行本化が決まったときから「表紙は翔吾君に書いてもらおう」と決めていました。それは、「出会いはタカラモノ」という言葉を、心から共感しあえる（年の離れた）マブダチだからです。


本書は、全障研の月刊誌『みんなのねがい』に一年間連載したものに加筆訂正を加えてできあがりました。

連載の発端は、編集長の塚田直也さんから「管理統制の蔓延する現場で奮闘する、若手の実践家にエールを送りたいと思い、若い頃、私自身が勇気をもらった比呂二さんの実践を掲載したい」と声をかけていただいたことです。

果たして、塚田さんの期待に応えられたかどうか。その答えは読者の皆様お一人お一人の胸の内にあるのだろうと思います。

ただ、自分にとって、これまで出会ってきた子どもたちからの学びを、こうして1冊の本にまとめる機会を与えてもらえたことに心から感謝しています。塚田さん、ありがとう！

最終章の中でもご紹介させていただいた竹沢清先生には、〈この本を読んでくださる方に〉をご執筆いただきました。身にあまる言葉の数々に恐縮しつつ、先生の言葉に恥じぬよう精進せねばと身の引き締まる思いです。心から感謝しています。ありがとうございました。

そして、編集担当の小針明日香さんには、連載当初から本書の出版に至るまで、常に〝伴走〟していただきました。新たな原稿を送るたび、共感に満ち、心のこもった感想を返してくださりどれだけ励まされたことか。感謝の気持ちでいっぱいです。

いざ連載を始めるにあたって、（一年間の長丁場、本当に自分に書けるのか）と思いあぐねたとき、心の中に寛ちゃんの声が響いてきました。

「比呂二先生の書きたいように書いたらいいよ。僕は、それを読みたい」

寛ちゃん、背中を押してくれてありがとう。おかげで出来上がりましたよ。

二〇二一年七月一日　　佐藤比呂二

佐藤比呂二（さとう　ひろじ）

1961年、東京都生まれ。

東京工業大学理学部卒業後、思いがけず障害児教育の世界に入り、都立特別支援学校の教諭として知的障害教育と病弱教育に携わる。家族は、カミさん1人、子ども5人。「ボブチャンチン」の名で時々マジシャンになる。

e-mail：satouke07.62@gmail.com

おもな著書
『自閉症児が変わるとき－大きな心の土台をつくる』（群青社）
『ホントのねがいをつかむ－自閉症児を育む教育実践』（全障研出版部）

本書をお買い上げいただいた方で、視覚障害等により活字を読むことが困難な方のために、テキストデータを準備しています。ご希望の方は、全国障害者問題研究会出版部まで、お問い合わせください。

出会いはタカラモノ
子どもから教えられたことばかり

2021年7月25日　初版第1刷発行
2021年12月25日　第2刷発行

著　者　佐藤比呂二

発行所　全国障害者問題研究会出版部
〒169-0051　東京都新宿区西早稲田2-15-10
西早稲田関口ビル4F
TEL.03-5285-2601　FAX.03-5285-2603
http://www.nginet.or.jp/

印刷所　株式会社光陽メディア

 ISBN　978-4-88134-945-8